자연을 건지다
삶을 보듬다

부산의 해녀

부산문화재단
사람·기술·문화
총 6 서

자연을 건지다
삶을 보듬다

부산의 해녀

부산문화재단
BUSAN CULTURAL FOUNDATION

자연을 건지다
삶을 보듬다
부산의 해녀

김대갑

———

소설가. 부산대학교 독문학과 졸업.
부산에 대한 산문집 2권과 가야 스토리텔링 북을 냈으며,
단편소설집 『프러시안 블루』를 출간했다.

신산(辛酸)한,
그러나 밝고 희망찬…

김대갑

그 겨울의 일광 바다

몹시 추운 겨울날의 오후였다. 나는 문득 신파조의 가객(歌客)이 되고 싶어 바다를 찾아갔다. 아무도 찾지 않는 겨울 바닷가에서 술에 취해 노래를 흥얼거리는 청승을 떨고 싶었다. 기왕이면 기차로 바다를 만나고 싶어 동해남부선을 타고 일광으로 향했다. 그곳에 가면 세파에 찌든 나의 심장을 부드럽게 분해해 줄 무언가가 있으리라.

무작정 일광역에 도착한 후, 나는 자연스레 일광 해수욕장으로 걸어 갔다. 헬리오스의 태양 마차는 어느새 자오선을 지나 오케아노스 강으로 천천히 접근하고 있었다. 나는 해수욕장 근처 방파제에 앉아 독일 가수 'Nichole'의 〈A Little Pcace〉를 흥얼거렸다. 한적한 겨울 바다에는 다정한 연인들이 팔짱을 낀 채 거닐고 있었고 모래밭을 뛰어다니는 아이들의 얼굴은 해맑았다. 작은 평화는 멀리 있는 것이 아니라 무척 가까이 있었다.

낭만적인 기분에 젖은 나는 70-200mm 망원렌즈를 부착한 DSLR을 메고 해수욕장 반대편의 작은 포구로 향했다. 이름하여 '이천항'이다. 멀리 작은 어선들이 코발트 물결에 흔들거리는 모습이 보였다. 그 뒤로 이천 해녀복지회관이 눈에 들어왔다. 이천항은 해수욕장 끝자락에 있는 곳이라 비교적 덜 알려진 곳이었고 이천 마을 전체는 무척 한가한 곳이었다. 그중에서 눈에 뜨이는 표지석이 하나 있었으니 바로 갯마을 문학비였다.

1955년 오영수 소설가가 문예(文藝)지에 발표한 단편소설 「갯마을」은 갯가 여인들의 질박한 삶을 토속적이면서 해학적으로 그려낸 작품이다. 해녀 해순의 삶을 통해 자연과 교감하면서 살아가는 사람들의 모습을 서정적으로 그린 것으로 유명하다. 그 갯마을 소설의 무대가 바로 이천마을인 것이다.

나는 갯마을 문학비를 바라보다가 어디선가 흘러오는 문향(文香)에 취해 프러시안 블루로 물든 일광의 바닷가를 바라보았다. 그건 분명 해순이 푸른 바다에서 건져 올린 싱싱한 삶의 언어들이리라. 그 언어들은 푸른 해초 사이에서 생장하여 지상의 영혼들에게 풍부한 정서를 안겨줄 것이다. 나는 해녀복지회관으로 천천히 발걸음을 옮겼다.

그런데 복지회관에 거의 닿을 즈음, 갑자기 요란한 사이렌 소리와 함께 구급차가 도착하더니 대원들이 황급히 내리는 것이 아닌가? 어느덧 동네 사람들도 몰려나와 그들의 행동을 걱정스러운 눈길로 바라보고 있었다. 구급대원들은 복지회관 맞은편의 좁은 자드락길로 황급히 들것을 끌고 갔다.

잠시 후, 그들이 끌고 온 들것 위에는 하얀 모포가 덮여 있었다. 한눈에 보아도 누군가의 유체(遺體)임에 틀림없었다. 구급차가 마을을 빠져나가고 사람들이 하나둘 사라질 즈음이었다. 그 길을 바라보며 한참을 망설이던 나는 무엇에 홀린 듯 그곳으로 발걸음을 옮겼다. 길 안으로 들어서니 왼쪽에는 잡초들이 무성했고 오른쪽에는 키 작은 담장과 파란색 지붕을 가진 촌집들이 앉아 있었다. 오 분 정도 걸어가니 바닷가가 보였고 잿빛 바위들이 고요히 바닷바람을 맞고 있었다.

　나는 암석들을 밟으며 왼쪽 바닷가로 몸을 돌렸다. 호오. 나는 작은 탄성을 질렀다. 내가 몰랐던 몽돌 해변이 눈앞에 펼쳐졌던 것이다. 섬섬옥수 미인의 허리처럼 유려한 곡선을 그린 몽돌 해변은 유적한 모습 그 자체였다. 천천히 몽돌을 밟던 나는 이리저리 널려 있는 검은 물체를 발견하게 되었다.

　그 물체로 가까이 다가간 나는 한동안 눈을 뗄 수 없었다. 그건, 반으로 잘린 해녀의 잠수복이었다. 그렇구나. 조금 전에 구급대원들이 들것에 신고 간 존재는 이 잠수복을 입고 바닷속을 드나들던 해녀였구나. 바람이 거세게 몰아쳤다. 나는 금강석처럼 온몸을 파고드는 찬바람에 코트 깃을 세우고 몸을 움츠렸다. 헬리오스의 태양 마차는 긴 꼬리를 끌며 강 속으로 떨어지고 있었다. 나의 그림자는 해체된 잠수복 위로 길게 드리워졌다.

　잠수복을 오래도록 내려다보던 나는 자연스레 카메라를 들었다. 그리곤 흑백 모드와 매뉴얼 모드로 설정한 다음, 잠수복을 찍기 시작했다. 아웃 포커스 기능을 최대한 이용하여 잠수복의 세밀한 부분까지 촬영했다. 이것 또한 해녀들에 대한 기록이 되리라 생각하며. 사진을 다 찍은 나는 몽돌밭에 앉아 멍한 시선으로 바다와 잠수복을 번갈아 바라보았다.

어쩌면 지금 내가 보고 있는 저 잠수복은 신산(辛酸)한 삶, 그 자체일지 모르겠다. 신산하다는 것, 맛이 맵고 시다는 것, 비유적으로 세상살이가 힘들고 고생스럽다는 것. 저 잠수복은 그 얼마나 긴 세월 동안 주인과 동고동락했을까? 이 추운 겨울에도 나이 든 해녀가 물속으로 들어갈 수 있는 것은 고무의 두께를 믿었기 때문이다. 그러나 아무리 고무가 두껍다한들 차가운 기온은 어쩌지 못할 것이다. 그 엄혹한 기온에 눌려 나이 든 해녀의 심장은 쪼그라들었을 것이다. 잠수복은 세상살이에 힘들고 지친 해녀의 삶을 상징적으로 보여주는 오브제인 것이다.

생각이 여기에 미친 나는 가벼운 한숨을 쉰 후, 지금까지 찍은 사진들을 삭제하고 말았다. 그의 삶이 묻어 있는 잠수복을 촬영한 것은 신산한 삶에 대한 예의가 아니라는 생각이 들었다. 저승에서 벌어 이승에서 쓴다는 그네들의 말이 떠올랐다. 저 잠수복의 주인은 저승의 물속을 헤매다가 결국엔 그 저승의 물결 속으로 사라져 갔다. 그런 삶을 기록할 자격이 나에게 과연 있을까.

씁쓸한 마음으로 일어선 나는 몽돌해변을 벗어났다. 이제 찢어진 잠수복은 해풍을 맞으며 천천히 삭아 없어지겠지. 그럼 그 해녀의 흔적도 고스란히 자연의 품으로 돌아갈 것이다. 다시 이천항에 도착한 나는 아담한 이천해녀복지회관을 지나가게 되었다. 조금 전의 사건을 목도한 복지회관이지만 그저 무심한 표정으로 붉고 노란 하늘을 쳐다볼 뿐이었다.

아마 내일도 저 회관 안에서 이천마을 해녀들은 물질할 준비를 할 것이다. 늘 그래 왔듯이 그들은 삶의 신산함을 잊은 채 물속에서 건져 올릴 희망만을 생각할 것이다. 힘들고 고생스러운 물질이지만 불턱(해녀들이 불을 쬐기 위해 만든 곳)에서 맴도는 해학과 즐거운 수다도 존재할 것이다. 해녀들의 삶은 신산한 것이 아니라 밝고 희망찬 것이다. 이천항을 떠나면서 뒤돌아보니 복지회관 주변에는 작은 평화의 노래가 맴돌고 있었다.

부산의 해녀를 만나다

해녀(海女), 혹은 잠녀(潛女)라고 불리는 바다의 여인들. 철이 채 들기도 전에 테왁과 망사리를 메고 물속으로 들어가야 했던 이 땅의 소녀들. 잠수복이 도입되기 전에는 광목으로 만든 물소중이를 입었던 그네들의 삶은 억척스러움의 대명사이다. 전 세계에서 한국과 일본에만 있는 해녀는 전문적으로 바닷속 해산물을 채취하는 여인들을 일컫는 말이다. 그들의 삶을 조금이나마 엿볼 수 있는 책이 부산문화재단에서 기획되어 발간하게되었다.

우리나라 해녀의 발상지는 제주도라는 것이 거의 정설로 굳어지고 있다. 어떤 이는 그중에서도 제주도 근해의 우도가 원 발상지라고 주장하기도 한다. 그 발상지가 어떠하든지 간에 생존을 위해 바닷속으로 들어간 여인들이 있었고 그들이 제주도에 많았다는 것이다. 그러나 우리나라 거의 모든 해안가에는 해산물을 채취하는 여인들이 분명 있었을 것이다.

부산도 예외가 아니었을 것이다. 제주도에서 건너온 해녀들, 이른바 출향 해녀가 부산의 바닷가에 진출한 경우도 있을 것이고 자생적으로 생존을 위해 출현한 해녀들도 있을 것이다. 이들의 문화는 제주도 해녀와는 다르며 지역별로 다양한 편차가 존재한다. 또 사용하는 용어도 제각기 다르며 해녀 문화에 대한 인식도 차별성이 있어 여러 가지 해석이 가능하다.

이번에 발간된 부산문화재단의 '사람·기술·문화' 총서 중 제6권은 부산 해녀들에 대한 이야기이다. 이 책은 부산 해녀들의 모습을 여러 각도에서 다양하게 담고 있다. 지역도 기장군에서 강서구 가덕도, 사하구 다대포, 영도와 수영구, 해운대까지 넓게 퍼져있다. 부산 전역의 바닷가에서 물질하는 해녀들이 이렇게 많다는 것에 독자들은 우선 놀랄지도 모른다. 또한 이 책은 사라져 가는 부산 해녀들의 모습을 기록한 자료로써 향후 가치를 인정받을 것이다.

먼저 제1부인 〈바다와 이야기〉는 해녀들의 휴식공간이자 판매처 역할을 하는 동삼중리 해녀촌에 대한 스토리로 시작한다. 제주도 다음으로 제주 해녀들이 많은 곳은 부산 영도이다. 한때 주민의 30%를 차지할 정도로 영도에는 제주도 사람들이 많았다. 제주은행이 있는가 하면 자리돔 회와 말고기를 파는 제주도 음식점도 있다. 그만큼 영도는 해녀 문화가 풍성한 곳이며 출향 해녀가 절대 우위를 점하는 곳이기도 하다.

수영구 민락동 해녀에 대한 이야기도 무척 흥미롭다. 영도 해녀와 마찬가지로 주로 출향 해녀들이 활동하고 있으며 민락 어촌계를 통해 단합을 유지하고 있다. 예전에 비해 숫자가 많이 줄었지만 나름 명맥은 유지하고 있다. 특히 광안대교 밑에 해삼과 전복, 군소, 뿔소라, 멍게 등 해산물이 지천으로 있다는 것은 독자들의 호기심을 자극한다. 수영만 요트 경기장이 생기면서 삶의 터전을 잃어버린 해녀들의 이야기는 때론 가슴을 아프게 한다.

기장군 문동리와 연화리 해녀들에 대한 이야기도 재미있다. 지난 2017년 '해녀'는 국가무형문화재 제132호로 지정된 바가 있다. 이른바 해녀라는 독특한 직업군이 국가에서 인정하는 문화재가 된 것이다. 이 사실만으로도 문동리와 연화리 해녀들은 자신들의 직업에 대해 자부심을 가질 만하다. 두 지역에는 제주 해녀와 자생 해녀 혹은 제주 해녀에게 물질을 배운 지선(地先) 해녀가 섞여 있다고 하니 재미있는 사연들이 많을 것이다.

제2부는 〈바다와 사람〉이라는 소주제로 묶인 이야기들이다. 결국 모든 것은 사람의 이야기가 아닌가? 바다를 삶의 터전으로 삼는 사람들의 진솔한 이야기는 언제 들어도 감동을 불러일으킨다. 〈바다와 사람〉에는 해녀들의 생생한 육성으로 그네들의 삶을 엿볼 수 있는 에피소드가 담겨 있다.

가덕도 토종 해녀인 구문자 씨의 이야기는 흥미진진한 삶으로 가득 차 있다. 출향 해녀를 능가하는 실력을 과시한 그녀의 스토리를 들으면 절로 미소가 번진다. 오륙도 해녀 편에서는 출향 해녀의 분투 어린 부산 정착기가 눈에 들어온다. 일광면 이천마을에서 맞이한 해녀의 아침은 잔잔한 이야기이다. 이천리 해녀 복지회관에 모인 해녀들의 진솔한 이야기에는 푸른 해초의 싱그러움이 넘쳐난다.

제3부는 〈바다와 숨비소리〉이다. 숨비소리는 해녀들이 물 위로 올라올 때 참았던 숨을 한꺼번에 들이켜면서 내는 독특한 소리이다. 호이잇~ 호이잇 하는 그 소리는 어쩌면 삶의 시작을 알리는 고고성(呱呱聲)인지도 모른다. 휘파람 같기도 하고 지저귀는 새소리 같기도 하다고 어떤 필자는 말

했다. 그러면서 구슬픈 소리처럼 들린다고 했지만 꼭 그래야 할까? 어쩌면 숨비소리는 희망의 소리일지 모른다. 죽음의 문턱을 넘나들며 비린 것들을 채취하고 그걸 지상으로 가져가는 순간까지 참고 또 참아야 했던 숨. 물 밖으로 나오는 순간, 가쁘게 몰아쉬면서 내는 숨비소리는 또 다른 삶을 잉태하는 희망의 소리라고 봐야 할 것이다.

핏빛 놀이 유장하게 흐르는 낙조와 모래톱으로 유명한 다대포에도 어김없이 해녀들은 살아 있다. 제주도 출신과 부산 출신이 섞여 있는 다대포 해녀들은 바다와 낙동강이 만나는 곳에서 오늘도 숨비소리를 내며 자연과 생활을 건져 올린다.

부산에서 기암괴석으로 가장 유명한 곳은 아무래도 태종대일 것이다. 바다에서 바라본 태종대의 기석들은 보는 이의 눈을 의심케 할 정도로 장관이다. 그 황홀한 괴석들 사이로 인어처럼 움직이는 사람들이 바로 태종대 해녀들이다. 그 예전, 해마다 봄이 되면 제주도의 해녀들이 영도 앞바다에서 몇 개월씩 해삼을 채취할 정도로 태종대 앞바다는 해산물이 지천이었다. 그때 그 해녀들이 냈던 숨비소리는 고향을 그리워하는 염원을 안고 저 멀리 제주도까지 울려 퍼졌을 것이다.

마지막으로 우리는 청사포 해녀들의 숨비소리를 들을 수 있다. 푸른 뱀의 전설이 깃들어 있는 도시 어촌 청사포는 그 이름만큼이나 아름다운 풍광을 자랑한다. 동해남부선이 바다를 따라 쭉 뻗어 있는 모습은 정동진도 시샘할 정도이다. 철길 위 절벽에는 희한하게도 따개비가 붙어 있다. 철로 주변이 예전에는 바다였다는 증거이니 그만큼 청사포가 오래된 삶의 터전이었다는 말이다. 특이한 것은 청사포 해녀들은 자신들이 전국에서 자생적으로 처음 생겨난 해녀들이라고 주장한다는 것이다. 진위와 관계없이 이런 말을 할 정도로 청사포는 해산물의 천국이었다는 말이다. 건져 올릴 것이 많으니 당연히 해녀라는 직업이 자생적으로 생겨난 것은 아닐까?

　제주 해녀는 유네스코 세계 문화유산으로 등재되어 이제는 범국가적인 보호와 각종 지원을 받고 있다. 그러나 그 외 지역은 이런 지원에서 소외되고 있으며 출향 해녀들과 자생 해녀들은 당국의 정책에 불편한 속내를 갖고 있다. 그건 부산지역도 마찬가지이다. 그나마 영도에서 해녀문화 전시관을 만들어 해녀들의 쉼터와 판매처를 보장하고 있다. 그러나 다른 지역에서는 체계적인 지원제도가 아직 요원한 실정이다. 해가 갈수록 해녀들은 고령화되고 있고 지원자도 줄어들고 있다. 이러다간 조만간에 해녀라는 직업군이 사라질지도 모른다.

　부산 해녀들의 삶은 신산하다. 그리고 지금도 바다에 뛰어드는 부산 해녀들의 생활은 고단하며 애달프다. 부산시와 각 지방자치단체의 꾸준한 관심만이 그들에게 희망을 줄 수 있다. 제주 해녀에 버금가는 각종 지원책이 하루라도 빨리 마련되어야 한다. 해녀는 우리 민족이 배태한 소중한 문화유산이며 우리네 삶의 한 편린이다. 이번에 발간된 이 책이 부산 해녀들의 생활을 이해하고 해녀 문화를 보존하는 정책 개발에 일조하기를 바란다.

유형숙

———

필자가 〈한 · 일해녀연구소〉 소장이라는 명함을 건네면,
"해녀는 한국과 일본에만 있나요?" 라는 질문이 돌아온다.
그렇다. 해녀는 한국과 일본에만 있는 전문 여성어업인이다.

해녀는 유네스코(UNESCO)의 인류무형문화유산

유형숙

몸에 특별한 산소 호흡 장치 없이 바닷물에 들어가 전복, 소라, 미역, 우무가사리 등 해산물을 직업적으로 채취하는 여성을 해녀(海女)라고 한다. 자맥질하면서 해산물을 채취하는 사람들은 세계 곳곳에 존재하지만, 생계유지를 위해 직업적 물질을 하는 해녀·해남은 한국과 일본에만 있는 직업이다. 우리나라 수산업법에 의하면, 마을 어장에 들어가 해산물 및 패류를 채취·포획하는 어업을 '나잠어업'이라 정의하고 있으며, 나잠어업은 기초자치단체에 신고를 해야 하는 '신고어업'이다.

해녀연구를 처음 시작했던 십여 년 전과 비교하면 지금 한국사회의 해녀에 관한 인지도는 상당히 높아졌다. 2016년에 유네스코 세계인류무형문화유산으로 '제주 해녀문화'가 등재되고부터 제주도에만 한정되었던 해녀에 대한 관심도 조금씩 그 비중이 커지고 확대되어 이제는 전국적으로 해녀문화의 가치 및 보존의 소중함이 부각되고 있다.

한반도에 해녀가 출현한 이래, 친환경적으로 수행됐던 물질에 조금씩 변용이 일어나서 유네스코의 세계인류무형문화유산으로 등재시키는데 어려움이 있었다고 한다. 〈그림 1〉처럼 해녀복은 광목천으로 만든 물옷 (상의: 물적삼, 하의: 물소중이)에서 고무옷으로 바뀌었는데, 고무옷을 입으면서

〈그림 1〉 해녀 옷 및 도구의 변천 ©동의대학교 한 · 일해녀연구소 브로슈어 참조

고무옷의 부력에 대처하는 연철(練鐵)도 허리나 등 뒤로 매게 되었다. 함께 수경과 오리발, 테왁의 형태도 근대의 물질 작업에 적합하게 도입되었고 재질이나 소재도 바뀐 것이다.

광목천으로 된 해녀복(물옷)을 입고 물질을 할 때는 해녀복의 보온성이 거의 없어서 두어 시간 작업하면 추워져서 '불턱'이라 불리는 몸을 말리고 데워주는 장소가 필요했었다. 또한 그 불턱에서 해녀들은 바다와 물질에 관한 정보를 공유하고 동료 해녀들 간의 공동체 문화를 꽃피울 수 있었다. 그리고 한정된 바닷속 자연자원을 관리하면서 채취할 수 있는 지속가능한 어업을 유지해 왔다. 제2차 세계대전 이후 미 해군에서 사용한 고무옷을 1960년경에는 일본 해녀들이 입기 시작했고, 한국에서는 1965년 정도부터 고무옷이 수입되기 시작해서 1970년대에는 전국의 거의 모든 해녀회에서 사용하게 되었다.

고무옷의 도입으로 물질 작업 시간이 최대 5배 정도까지 늘어났고, 그로 인해 생산·채취량도 증가하여 해녀들의 가계 소득에 크게 이바지하게 되었지만, 반대로 해녀들의 건강에는 마이너스 현상이 발생하였다. 해녀복(물옷)을 입고 수행했던 전통물질은 본인들의 몸에 무리가 가지 않는 범위 안에서 한 두어 시간 정도 작업했는데, 몸에 꼭 끼는 고무옷을 입고 장시간(최대 10시간까지도) 물질작업을 하게 되니 해녀들의 신체에는 잠수병과 관련된 여러 증상이 발생하기 시작하였다.

그러나 궁극적으로 전통적이며 친환경적인 물질 방법, 바다에 대한 지식과 풍부한 경험, 그들만이 가지고 있는 공동체 문화는 미래사회로의 지속가능한 발전 모델로서 유네스코에서 그 가치를 높게 인정받았다. 그리고 이런 소중함을 후손들에게 알리고 계승시키고, 그 맥이 끊기기 전에 후

계자를 양성하자는 것이 학계나 정부의 움직임이다.

현재 바닷가 어촌계에서는 해를 거듭할수록 주변에서 함께 물질하던 동료들이 한 명씩 사라져 가고 있지만 바닷속의 자원이 고갈되어가고 있어 신규 해녀들과 함께 수입 나누기를 꺼리고, 젊은 해녀의 진입을 적극적으로 희망하고 있지는 않는 것 같다. 기존 해녀들도 신규 해녀의 양성이 필요하다고는 하지만 능동적으로 수용하려는 어촌계와 해녀회는 없는 것 같다. 보수적인 바닷가 어촌계에 정착해서 향후 해녀로서 살아간다는 것은 정부나 지자체의 전폭적인 지지와 배려 없이는 정말 어려운 현실이라고 생각된다.

한국에서 해녀는 언제부터 존재했을까요?

해녀는 고대부터 바닷가 마을에서 자연 발생학적으로 자맥질을 하면서 생겨난 직종으로 여겨진다. 당시에는 남성도 여성과 같이 자맥질을 했으나 도구의 발달로 배를 만들어 먼 바다로 어업을 나가게 되는 남성들이 늘어나면서 여성들이 상대적으로 뭍에 남게 되면서 여성 전용어업으로 정착하게 된 것이다. 조선시대에는 포작(鮑作), 복작(鰒作)이라는 전복을 채취해 임금에게 진상하는 남성들의 역(役)이 있었다는 기록이 있듯이, 과거에는 남녀가 같이 물질을 했었고, 남성들이 여성들보다는 깊은 바다 연근해에서 해산물을 채취하였다는 것을 알 수 있다.

해녀들의 물질에 대한 기록은 조선시대의 기록물 『제주풍토기(1629)』, 『탐라순력도(1702)』, 『조선왕조실록(1702, 1714)』, 『북헌거사집(1710)』, 『석

북집(1765)』, 『존재전서(1791)』 등의 문헌에 나타나고 있는데, 『삼국사기』
나 『고구려본기』에 탐라(제주)에서 야명주(진주)를 중국에 진상하였다는 기
록이 있어 삼국시대 이전부터 존재했던 업종으로 여겨지고 있다.

우리나라의 해녀 실태
– 전국에 활동하고 있는 해녀의 숫자는 얼마나 될까요?

해녀는 본인이 거주하는 기초지방자치단체(구·군)에 나잠어업으로 신
고를 해야 하므로 신고증을 발급받은 숫자로 해녀를 카운트하면 되는데,
과거부터 신고증을 가지고 있지 않아도 관행어업권으로 해당 어촌계에서
조업을 했던 미신고 해녀가 존재해서 전국의 해녀 숫자가 조금씩 다르게
발표된다.

2016년에 동의대학교 한·일해녀연구소가 실시한 나잠어업인(해녀)의
실태는 〈그림 2〉와 같다. 또한 수년간 통계청에서 나온 데이터를 추적한
결과 나잠어업의 신고 건수의 추이는 아래의 〈표 1〉과 같이 나타났다.

나잠어업에 종사하고 있는 해녀들의 고령화가 심각하게 진전되고 있
음에도 〈표 1〉에 나타나는 것처럼 실제적인 나잠어업 종사자들의 숫자는
약간 증가하는 경향을 보이고 있다. 나잠어업에 종사하는 것이 다른 수산
업들에 비해 초기 자본투자가 크게 필요하지 않고, 바다에서 자연적인 재
생산이 가능하며 바다를 좋아하고 신체적으로 건강하면 할 수 있다는 점
등의 이유로 전국적으로 해녀의 숫자는 줄어들지 않고, 신규 진입(전환)이
늘고 있는 상황으로 판단된다.

〈그림 2〉에 나타나 있는 제주도의 해녀 4천여 명은 통계청의 나잠어업

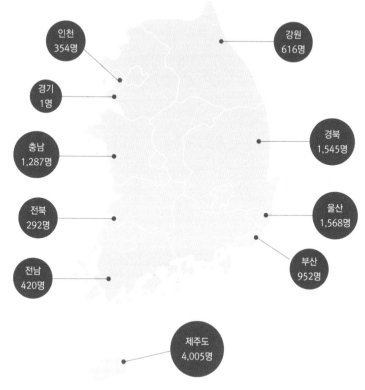

〈그림 2〉 전국의 해녀 수(전국 해녀 실태)

연도	'94	'96	'98	'00	'02	'04	'06	'08	'10	'12	'14	'16
건	4,794	5,131	5,365	5,575	5,439	5,506	5,893	6,144	6,952	6,724	7,010	7,832

〈표 1〉 나잠어업 건수의 추이

건수에는 포함되어 있지 않아서, 제주도를 포함시키면 현재 12,000여 명
의 해녀가 존재하는 것이나, 실제적으로 제주도 해녀들이 봄부터 가을까
지 출가물질을 나오는 전라·충청지역의 경우, 제주 해녀가 그 지역의 나

잠어업 숫자에 카운트되기도 해서 10,000여 명 정도로 추측된다.

부산에서 활동하는 해녀는 2019년 6월 말을 기준으로 867명인데, 기장군(561명), 영도구(129명), 해운대구(81명)의 순으로 활동하는 해녀들이 많다. 부산광역시는 공단 조성 등의 공익사업과 어장보호 등을 목적으로

구·군 구분	계	기장군	영도구	해운대구	사하구	서 구	남 구	강서구	수영구
합계	867(4)	561(3)	129	81(1)	28	20	18	17	13
신고자(남)	716(3)	561(3)	58	38	22	5	18	1	13
미신고자(남)	151(1)	0	71	43(1)	6	15	0	16	0

〈표 2〉 부산의 해녀 수(명)
*( )는 해남(海男) 수(명) *(2019년 6월 30일) 부산광역시 수산자원과 자료

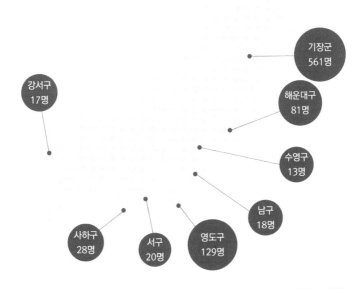

〈그림 3〉 부산의 해녀 수(명)

1991년부터 해녀의 신규허가를 불허했었는데, 25년 만인 2016년부터 일자리 창출과 관광·경제 활성화 등을 위해 신규허가를 다시 내어주게 되었다. 5년 기간인 나잠어업의 신고증을 재발급받지 못했고, 과거에 관행어업권으로 나잠어업을 수행해 오고 있던 미신고자가 점차적으로 신고자로 바뀌고 있는 추세이다.

특히 최근에는 신규로 진입하는 해녀 중 소수이지만 남성(해남)이 생기고 있다는 것이 특징적이다.

부산광역시의 해녀지원 사업

부산시에서는 2008년부터 해녀들의 복지증진 및 자긍심을 고취시키기 위하여 해녀들을 대상으로 선진지 견학지원, 테왁·보호망지원, 잠수복지원, 잠수병 치료지원, 복지시설지원 등의 사업을 실시해오고 있다. 또한 부산광역시의회는 2016년 말 〈부산시 나잠어업 종사자(해녀) 지원에 관한 조례안〉을 제정하였다. 해녀문화를 보존하고 계승하기 위한 구체적인 계획을 수립하도록 하고 안전사고 예방, 편의시설 설치, 체험활동 프로그램 개발, 교육과 교류 사업을 추진할 수 있는 근거도 조례안에 담았다. 특히 수중 작업 도중 발생하는 잠함병(잠수병)에 걸린 해녀는 시에서 지정하는 의료기관에서 진료를 받거나 진료비를 지원받을 수 있도록 하였다. 그렇지만 실제적인 예산지원이 이뤄지지 않아 아직 혜택을 받은 사례는 없다.

그런데 2019년 8월 말 기장군 의회에서 해녀들을 위한 진료비지원 조례를 공포하고 기장군 해녀들의 잠수병 검사비·진료비 지원을 하게 되었다. 기장군 정관에 잠수병 치료가 가능한 일신기독병원에서 고압산소 치료 체임버가 설치되었기 때문에 10년 이상 물질경력이 있는 해녀는 검사비·진료비들을 지원받을 수 있게 되었다. 향후에는 부산시에서도 기 제정된 조례안에 따라 잠수병 진단 및 치료에 예산을 지원하게 될 것 같다.

필자는 부산시와 기장군의 지원으로 2016년과 2017년에 기장군 문동마을에서 해녀문화체험교육사업을 실시하였다. 어촌계에서 관리하는 마을 공동어장을 체험교육사업으로 내어주는 마을이 거의 없고, 해녀문화를 인지하고 공유하고 확산시키자는 필자의 사고에 응해주는 해녀 및 해녀회도 찾기 힘들었는데, 기장군 문동마을에서 체험 가능한 마을어장도 제공해주고 해녀들도 해녀물질 강사로 직접 참여해 주었다. 계속적으로 해녀문화체험사업을 운영하고 싶었지만 여러 변수가 발생해서 2년 만에 교육 사업은 끝났다.

제주도를 제외한 지역에서 지역 해녀들의 자긍심을 고취하고, 지역주민들에게 해녀문화를 알리고, 신진 해녀 후계자를 양성하고자 하는 취지의 사업을 어촌계, 해녀회 등은 운영해 주었으면 좋겠다. 지금도 간간히 해녀문화체험사업을 하지 않는가 하고 문의하는 분들이 있어서 다시 이 사업을 재개할 수 있기를 희망하고 있다.

영도구 동삼동 중리해변에 〈해녀문화전시관〉이 2019년 10월에 개관할 예정이다. 제주도 이외의 지역에서 해녀문화전시관의 건립은 최초의 사례다. 전시관과 함께 부산에서는 3번째의 해녀상(수영구 수변공원의 해녀상, 기장군 두호어촌계의 해녀상)이 설치된다. 이번 해녀상은 제주도에서 영도와 제주 간 해녀 교류의 역사를 상징하고, 제주 해녀들의 도전정신과 자긍심을 고취하기 위해 직접 해녀상을 제작해 기증하는 것이라고 한다.

최근 바다 조망과 노을풍경으로 부산의 핫플레이스로 부각하고 있는 영선동 흰여울문화마을의 연장선으로 중리 해녀문화전시관도 부산의 교육 및 관광자원으로 자리 잡기를 기대하고 있다.

한국의 해녀가 먼저예요? 일본의 '아마'가 먼저인가요?

해녀가 한국과 일본에만 활동하고 있는 여성어업이라고 하면 다음으로 어디가 먼저인가라는 질문이 나온다. 그렇다. 우리나라 사람들은 일본과 관련된 사항이 있으면 우선은 일본보다 먼저여야 하고, 승부를 겨루는 것이라면 일본을 이겨야 한다. 해녀의 역사도 한국이 먼저여야 한다는 것이다. 해녀의 역사가 언제부터인가를 단정 지을 수는 없지만 제주 해녀의 기량이 뛰어나서 일본지역으로 출가물질을 갔었다는 기록과 제주 해녀들이 일본으로 출가물질 나가서 이세시마(伊勢志摩)지역 해녀들이 상의(上衣)를 입게 되었다는 기록과 이야기가 전해지고 있다.

한국의 해녀와 일본의 아마(海女의 일본어 발음)는 많이 닮아있다. 해녀의 고령화가 심각한 실정이다. 또한 물질 수준 등급을 상·중·하로 분류하는 명칭이나, 갓물질이나 뱃물질이 존재한다. 숨을 참았다가 수면 위로 올라오면서 숨비소리를 내뱉는다. 전복을 캐는 도구가 있으며, 형태는 조금 다르지만 테왁과 망사리에 해당하는 도구를 사용하고 있다.

일본 아마가 생명줄(命のつな)이라고 하는 줄을 몸에 달고 잠수하는 관

계로 한국 해녀들의 잠수실력이 더 뛰어나다고 말하기도 하지만, 생명줄이 있음으로 인해서 일본 아마들이 바닷속에 머물 수 있는 시간이 한국 해녀보다 몇 초 더 길다는 논리로도 정리된다.

마을에 따라서 다르지만 현재 일본 아마들은 하루 평균 1~2시간 정도 물질을 한다. 전복의 사이즈를 재는 스케일(尺度)을 아마 각자가 가지고 물질을 하면서 11cm보다 작은 전복은 그 자리에서 바닷속으로 살려 보낸다. 바닷속 자원의 고갈을 막고 지속가능한 물질을 후대에까지 계속적으로 이어가기 위한 운영책으로 생각된다. 그리고 미에현, 이시카와현, 이와테현 등에는 600년 이상 된 지역의 해녀축제가 존재해서 부러울 따름이다.

〈그림 4〉 일본의 아마 서밋(海女 SUMMIT) 포스터

필자는 일본 전국의 해녀들이 1년에 한 번씩 만나는 아마 서밋(海女 SUMMIT)이라는 모임에 수년 전부터 부산시 해녀들과 참가하고 있다. 과거 일본의 전 해안가에 존재하던 아마마을이 현재에는 18개의 현 정도에서만 나타나고, 과거에는 3만 명 이상에 달하던 아마 숫자가 현재는 2천 명

정도밖에 안 된다는 것이 일본 아마의 실태이다. 그러나 한국의 어촌계보다는 조금 더 개방적으로 신규 아마의 진입을 검토하고 도입하고 있다.

몇 년 전 일본의 아마 서밋에서 만난 일본 아마 한 분이 했던 이야기가 생각난다. 어촌에 시집와서 아마를 하려고 하니 마을에는 이미 물질하는 아마가 없어서 옆 동네까지 가서 현역 아마에게 물질하는 방법을 배웠고, 과거 그 지역의 아마들이 물질했었다고 추측되는 장소라고 동네 어르신들에게 듣고 그곳에 가서 물질을 하고 있다는 것이다. 물질 가르침을 받고자 해도 이제 그 지역에는 현존하는 아마가 없어서 애석하게도 감으로 물질을 하고 있다는 이야기를 들으며, 앞으로의 우리네 어촌 마을 이야기일 것 같은 생각이 들었다.

현재 부산해녀의 평균 수명은 70세를 넘기고 있다. 이들이 마지막 해녀로 기억되지 않았으면 한다.

1
바다와 이야기

홍성권

———

큰섬(제주도)에서 태어나 작은 섬(영도)에서 살고 있는 '섬을 떠난 적 없는 삶'이다.

서해 5도와 제주권을 남겨두고 대한민국의 섬을 다 돌아 다니기도 했다.

1990년부터 지금까지 월간 잡지 기자로도 활동하고 있다.

쓴 책으로 『송도 100년』(2인 공저), 『중구이야기』(2인 공저),

『산복도로이야기』(2인 공저)가 있다.

바다의 여인들과 함께한
동삼중리 해녀촌

홍성권

영도의 중심 '동삼동'은 이른바 상리, 중리, 하리의 3개 마을로 되어있다. 임진왜란 후 영도가 빈 섬이었을 때도 동삼동만은 어장으로 어민들의 출입이 빈번했으며 영도에 진(절영도진)이 설치되기 이전에 가장 먼저 마을이 형성된 곳이다. 동삼동은 영도 '동(東)쪽의 3개 마을'이란 뜻이다.

영도 해안 낀 작은 포구, 중리포구

동삼중리에 작은 포구가 있다. 이름하여 '중리포구(중리항)'다. 부산 남고등학교 아래에 위치한 중리포구는 규모는 태종대를 낀 하리포구에 비해 작지만 주변은 휴일이면 낚시꾼들과 관광객으로 시끌벅적하다. 한 마디로 사람 사는 맛이 나는 곳이다.

지형이 가파르고 험난한 군사보호구역이었던 곳에 IMF 위기 극복을

위한 공공근로사업으로 조성한 산책로가 바로 '절영해안산책로'다. 우리
나라 최초의 '해안산책로'로 일본 대마도와 송도 쪽으로 드넓은 바다 풍경
을 배경 삼은 해안산책로다. 그리고 '감지해변산책로'는 태종대 감지해변
해안선을 따라 조성된 산책로로 역시 빼어난 해안 경관을 자랑한다. 영도
해안에서 가장 깊은 곳인 중리포구는 이 절영해안산책로와 감지해변산책
로 사이에 위치해있다. 부산에서도 바다 경치 좋기로 유명한 영도 해안도
로의 종점인 셈이다. 그리고 이곳 포구 양쪽으로 알아들을 수 없는 제주도
사투리로 떠들썩한 해녀촌이 있다. 50여 년 전 형성된 해녀촌으로 지금은
20여 명의 해녀가 물질하며 손님을 맞고 있다.

　'해녀'는 '잠녀' 또는 '잠수'라고도 불리는데 제주도가 정한 조례에 의
하면 '수산업협동조합에 가입하고 해녀어업장에서 잠수하여 수산물을 포
획·채취하는 사람'들이다. 해녀어업은 '해녀가 아무런 장치 없이 맨몸으

해녀촌 전경(왼쪽부터 2011, 2015, 2019)

로 바다에 잠수해 해산물을 채취하는 우리나라 고유의 전통 어업방식'이다. 이를 '나잠어업'이라 하는데 제1종 마을공동어장인 수심 10m 이내의 얕은 바다에서 전복·해삼·미역·바다고둥·성게 등을 잡는 어업을 말한다. 최근에는 해녀가 하나의 '문화'로 승화되었다. 해녀의 '2016 유네스코 인류무형문화유산' 등재가 이루어진 것이다. 2017년 5월에는 '국가무형문화재'로도 지정되었다. 제주도에서는 매년 9월 셋째 주 토요일을 '제주 해녀의 날'로 지정했다.

보통 '해녀'라 하면 제주도를 떠올린다. 그렇다면 제주도에만 해녀가 있을까. 아니다. 바다를 끼고 있는 지역이면 전국 해안 어디서든 해녀를 볼 수 있다. 그중 부산은 제주에 이어 해녀 활동이 왕성한 지역이다. 그리고 영도에는 타지에서 온 사람들이 많은데 특히 제주 사람들이 많다. 한때 영도 인구의 30%가 제주 출신이었다고 한다. 제주도민회관과 함께 서울 이외 지역에서는 유일하게 제주은행 지점이 있을 정도다. 또 영도는 기장군을 제외하고 부산에서 가장 많은 해녀가 살고 있다. 부산 제주도민회 영도지회에 따르면 지난 2017년 1월 기준으로 영도에는 제주 출신(2~3세 포함) 해녀 119명이 활동하고 있다.

해녀들의 삶의 터전 해녀촌

부산에 해녀들은 상대적으로 많지만 해녀들이 모여 장사하고 있는 해녀촌은 그리 많지 않다. 대부분의 해녀가 물질해서 채취한 해산물을 시장 등에다 내다 팔기 때문이다. 직접 관광객 등에게 판매하는 공간으로 변한 것이 '해녀촌'이다.

부산의 대표적 해녀촌인 중리해녀촌은 역사가 제법 길다. 제주지역 외 전국 유일의 해녀문화전시관이 들어서는 이유다. 실제로 중리해안은 제주에서 영도로 넘어온 해녀 1세대가 처음으로 물질을 시작한 곳으로 알려지고 있다. 그러나 처음부터 해녀촌은 아니었다. '해녀촌'으로 이름을 알리게 된 것은 40년도 훨씬 넘었지만 그전에는 해녀들의 '작업장'이었다. 바다에서 물질해 가져온 해산물들을 시장 등에 내다 팔기 위해 작업하던 곳이다. 즉 해녀들만의 공간이었던 것이다. 그러다가 직접 장사하기 시작한 것이 45년 전이다. 청학동 막내 해녀(67세)의 나이 23살 때라고 한다. 그러니깐 해녀들의 작업공간으로부터 계산하면 70, 80년은 족히 된다고 할 수 있다.

현재 중리해녀촌은 두 곳에서 영업하고 있다. 그런데 동삼동인 이곳에는 정작 동삼동 해녀들은 찾을 수 없다. 이웃 동네인 청학동과 그 옆 동네인 봉래동 해녀들이 자리를 잡은 것이다. 바다로 둘러싸인 영도는 사방이 바다지만 마을어장은 제한적이다. 그래서 바다를 끼고 있는 봉래동 해안 동쪽 지역은 이미 1920년대에 조선소 부지로 조성되어 현재 한진중공업, 대선조선 등의 조선소가 들어서 있다. 청학동은 1970년대 이후 여러 차례 매립을 통해 조선업 관련 공단(삼삼공단)이 조성되는 바람에 해녀들의 조업

장소가 사라졌기 때문에 일찍이 이곳에 터를 잡은 것 같다. 상리에 해녀촌이 없는 것도 같은 이유다. 동삼혁신도시로 사라졌기 때문이다. 동삼동 해녀들은 하리 쪽에서 하고 있다.

중리해녀촌은 중리산 아래 영도 해녀문화전시관 공사가 진행되고 있는 곳 일대가 원래의 자리다. 이곳 일부에서는 현재도 봉래동 해녀들이 영업을 계속하고 있고 이곳에 있던 청학동 해녀들은 몽돌해안인 현재의 자리로 임시 자리를 옮겼다. 청학동 해녀들이 장사하던 곳이 연안정비공사 부지로 편입되었기 때문이다. 그래서 몽돌해안 쪽의 해녀촌에서는 '원조해녀촌'으로 영업하고 있고 공사 현장 옆 원래의 해녀촌에는 '절영 해녀의 집'이란 명칭으로 따로 영업하고 있는 것이다. 봉래동에서는 현재 12명의 해녀들이 영업을 하고 있다. 청학동의 경우 원래의 해녀촌에 있을 때는

해녀촌 풍경

21명의 해녀가 있었지만 이곳으로 옮기면서 16명(구청 등록 기준)으로 줄었다. 그마저도 10명이 장사했는데 두 사람이 아파서 나오지 못해 지금은 8명이 장사하고 있다. 대부분 10~30대 젊은 나이에 제주를 떠나 이곳에 와서 거친 바다를 터전 삼아 억척스럽게 물질하면서 40~60년의 삶을 이어오고 있는 것이다.

매일 바다로 출근하는 여인들

해녀들 역시 직업인이다 보니 매일 바다로 출근한다. 비가 오거나 태풍 올 때를 제외하고는 매일 일(물질)을 한다. 출근 시간은 시계로 정해지는 것이 아니라 바다가 정해준다. 즉 그날그날 물때에 맞추는 것이다. 일하는 곳은 바다 물속. 요즘 같은 경우 보통 아침 6시에 출근하여 6시 반에서 7시 사이에 물에 들어간다. 날씨가 되게 좋으면 보통 작업시간이 네 시간 정도 된다. 그렇지 않을 경우에는 거의 세 시간 정도다. 오전 11시쯤에 바다에서 나오고 오후부터 시작된 장사는 해가 질 무렵까지 이어진다.

영도 해녀문화전시관 앞 해변 옛 해녀촌에는 수십 년 동안 이어져 온 시커먼 연기 자국이 묻은 바위가 있는 공간이 보인다. 해녀들과 함께해온 '불턱'으로 불을 쬐는 곳이다. 이 공간은 불만 쬐는 것이 아니라 옷을 갈아입는 장소이기도 하다. 해녀들은 여기서 평상복을 해녀복으로 갈아입고 일할 때는 중간 휴식을 취한다. 하루 물질이 끝나면 해녀들은 다시 모여서 불을 쬐면서 몸을 덥히고 평상복으로 갈아입는다.

중리해안 앞바다. 오늘도 시린 바다에서 자맥질을 한다. 바다 위에서

불턱 흔적

테왁 하나에 의지한 해녀들은 거친 숨을 참고 오리발을 차면서 물속을 들락날락하기를 쉼 없이 반복한다. 아무런 장비도 없이 그녀들이 바다에 머물 수 있는 방법은 오직 숨을 멈추는 것뿐이다. 그렇게 멈추었던 숨이 끊어지기 직전에야 비로소 수면으로 올라오는데 그때 '휘~ 휘~' 내뱉어지는 숨소리는 마치 휘파람처럼 들린다. 그 소리를 '숨비소리'라 부른다. 사람은 숨을 쉬어야 산다. 그러나 숨을 쉬면 안 되는 직업이 해녀 일이다. 오로지 호흡만으로 물질하는 해녀들에게 '숨'은 곧 목숨이다. 물질이 얼마나 힘들었으면 "칠성판을 등에다 지고 혼백상자를 머리에 이고 한다"고 했을까. 사람마다 폐활량에 따라 숨을 참을 수 있는 시간이 다르기 때문에 숨 길이는 곧 해녀의 기량이라고 할 수 있다. 해녀를 하군, 중군, 상군으로 가르는 기준도 바로 숨이다. 숨이 깊어야 깊은 바닷속에 들어갈 수 있고 그 기량에 따라 그녀들의 바다 영역이 정해진다. 물질을 잘하는 해녀를 상군이라 한다. 청학동 해녀 중 4명의 상군 해녀가 있다. 상군은 숨이 길어서 깊은 곳까지 들어가며 조류가 센 곳에도 들어가 해산물을 따올 수 있다.

바다는 치열한 삶의 터전

자맥질하는 해녀. 관광객의 시선으로 보기엔 낭만적이지만 해녀의 바다는 그렇게 우아하지만은 않은 치열한 생존의 바다다. 해녀의 삶이 그리 녹록지 않다는 이야기다. 해녀들은 살기 위해 바다로 뛰어들었다. 선택의 여지가 없었던 해녀들은 천직으로 생각해 맨몸으로 바닷가 물속에 들어

해녀촌 풍경

가 해조류와 조개류 등을 캐서 생계를 꾸렸다. 물질은 누가 가르쳐 주지도 않았다. 누구에게 배운 적도 없지만 헤엄치기와 무자맥질에 능숙했다. 어부의 피를 이어받은 덕분일 것이다.

해녀의 일터인 바다에는 도처에 위험이 도사리고 있다. 해녀들은 수시로 크고 작은 배에 부딪힐 수 있고 그런 사고는 곧 목숨과 직결된다. 출렁이는 수면 위보다 고요한 수면 아래가 더 위험하다고 한다. 그러나 가까운 바다라고 위험이 없는 것은 아니다. 얕은 바다일수록 바람에 큰 요동을 치는데 자칫 그 물결에 휩싸였다가 바위에 부딪히는 사고도 종종 일어난다. 그만큼 위험한 일이다. 하여 지난 세월, 중리해녀촌 해녀들도 가족 같은 많은 동료 해녀들을 먼저 바다에 보내기도 했다.

직업상 해녀는 장시간 물질을 할 수밖에 없다. 그래서 잠수병을 달고 산다. 소위 말하는 직업병이다. '잠수병'은 수압이 높은 깊은 바다에서 일하는 해녀들이 잘 걸리는 병이다. 해녀들은 두통약을 먹지 않고 잠수하면 수압에 머리가 욱신거리기 때문에 물질하기 전 진통제를 복용한다고 한다. 부산시는 2011년부터 무료 검진·치료지원 사업을 시행하고 있다. 잠함병(잠수병)에 걸린 해녀는 시에서 지정하는 의료기관에서 진료를 받거나 진료비를 지원받을 수 있도록 했다. 제주도는 100% 지원이지만 부산은 10% 자부담으로 알려져 있다.

제주 해녀문화의 유네스코 인류무형유산 등재로 해녀에 대한 인식은 많이 좋아졌으나, 해녀는 매년 줄고 있다. 이는 부산뿐만 아니라 제주도 마찬가지다. 동삼어촌계도 해녀들에게 문을 개방해서 청학동과 봉래동 해녀 등을 받아들였지만 젊은 사람이 없다. 중리 해녀들 역시 이와 같은 걱정이 앞선다. 지금의 70대 해녀들이 10년에서 15년 정도 일하고 나면 젊은 해녀 유입 중단으로 중리해녀촌에도 해녀가 없어질지 모르는 상황이다.

이에 부산시는 매년 해녀들의 생활환경 개선에 나서고 있지만 해녀들에 대한 지원은 여전히 미미한 편이다. 1년에 잠수복 한 벌과 테왁 보호망 지원, 지정병원에서 이뤄지고 있는 무료 건강검진이 고작이다. 제주에서는 지난 2017년 9월부터 매달 만 70세 이상 고령 해녀들에게 수당을 지급하고 있다. 또한 신규가입 해녀에게 초기 어촌정착금을 지원하고 있다. 그러나 부산은 전무하다. 해녀에 대한 지원이나 관심이 지역별로 제각각인 것이다. 해녀에 대한 관심과 지원 확대는 부산시와 지자체가 지속가능한 해녀 문화 유지를 위해서 풀어야 할 과제이다.

현대화 시설이라지만 점점 줄어드는 해녀촌 그리고…

　해녀촌에서 장사하는 해녀들은 늘 약자였다. 관공서에서 시키면 그대로 해야 했다. 지자체마다 해녀촌을 관광 명소화한다고 하지만 현실은 그것과는 배치된다. 몇 년 전 40년 이상을 영업해오던 서구 암남공원의 해녀촌은 '철거하라'는 구청의 계고장을 받은 일이 있었다. 2000년 서구청의 정식 허가까지 받은 서구의 명물이었다. 영도 중리 해녀들 역시 옛 해녀촌에서 물질해 직접 채취한 해산물을 판매해왔지만, 전시관 건립이 추진되면서 일부 해녀들은 공유수면인 이 해안으로 옮겨와야 했다. 해녀들은 이곳에 수천만 원의 자비를 들여 전기시설을 설치하고, 구청의 협조를 얻어 탈의실로 사용하는 컨테이너도 들였다. 동삼중리가 태풍의 길목인 탓에 현재의 몽돌해안 매장은 매우 위험한 공간이다. 태풍이 온다고 하면 모든 시설을 옆의 나무들 사이로 옮겨야 한다. 그러나 탈의장으로 사용되고 있는 컨테이너는 그럴 수가 없다. 지난 태풍에 컨테이너가 날아가 버리

영도 해녀문화전시관 전경

기도 했다. 그뿐만이 아니다. 매
년 7~8월이 되면 한시적으로
이 해안에서 소위 '백숙촌'이라
하여 닭 등을 삶아서 관광객을
상대로 영업하는 측과 충돌이
생긴 적도 있다. 공유수면에서
영업한다는 신고로 1인당 300
만 원의 벌금까지 낸 적도 있다.

해양수산복합공간인 영도
해녀문화전시관 공사가 막바지
에 있다. 전시관이 완공되면 두
해녀촌은 그곳으로 또 이전해

영도 해녀문화전시관 해녀상

야 한다. 그다지 넓지 않은 공간이라 20여 명의 해녀가 장사하기에는 턱없이 부족한 공간이다. 거기에다 하리에 있는 해녀들도 '동삼동'이라는 지역적 연고를 주장하며 입주를 주장하고 있다고 한다. 시설이 현대화되고 합법적인 장사가 되겠지만 손님이 그만큼 찾을까 걱정인 것도 사실이다. 양쪽 해녀들은 지금의 장소를 원하지만 역시 관에서 하는 정책이라 따를 수밖에 없다. 이곳을 찾는 사람들은 탁 트인 바다가 연출하는 풍경을 보러 오는 경우가 많은데 전시관은 실내라 답답한 구조기 때문이다. 태종대 자갈마당 조개구이촌처럼 되지 않을까 싶다. 바다는 있되 방파제와 실내에 가려 보이지 않는 그런.

이제 세계문화유산이 된 해녀, 그리고 그녀들이 물질해서 채취한 해산물을 파는 해녀촌. 해녀의 물질은 영업행위일 수밖에 없지만 수백 년을 이어온 해녀들에게 지역과 지자체가 해줄 수 있는 일은 없는지 함께 모색해 보아야 할 것이다.

김한근

약 35년 전부터 우리 역사와 문화를 좋아하여 전국을 탐방 다녔다.
1990년대 후반부터 부산의 역사에 미쳐서
근대시기 부산과 경남지역의 옛 사진과 지도 등을 수집하여
향토사 분야를 연구하는 〈부경근대사료연구소〉를 운영 중이다.

여해동락(與海同樂)하는 여인들

김한근

해녀들과의 만남

내가 태어난 곳은 경북 포항시. 대여섯 살 때의 기억을 더듬으면 포항 동빈로, 지금 포항수협이 자리한 곳의 옛 수산센터 바로 뒤에 우리 집과 큰집이 있었다. 수산센터 바로 앞바다 건너편은 포항 해수욕장 솔밭이 보이는 바닷가로 이곳에서 해안을 따라가면 죽도시장과 포항 운하가 연결된다. 이곳이 어릴 때 놀이터였다. 외가는 포항에서 약 40리 정도 떨어진 동해안 칠포리로 외갓집에서 150m만 가면 바닷가였다. 고향이나 외가 두 곳이 해안 포구였다. 6살에 부산으로 이사 온 이후 초등학교 3학년 무렵 봉래동 3가 대선조선 주변에서 살았다. 이곳에서 살 때는 여름철이면 봉래동 해안이 온통 해수욕장이 되었다.

이렇게 바닷가에서 주로 살면서도 해녀들에 대해 깊이 생각하지 못했

1952년 남천동 해녀들

던 내게 해녀들의 삶이 가슴에 와닿은 것은 2014년이었다. 당시 민락동 동명 탄생 100주년을 기념하여 '민락 100년사' 취재를 하면서 민락동 해녀들을 만나면서였다. 하지만 당시에는 그들의 물질 작업에 대해 몇 마디 여쭙는 정도에 불과해 내내 아쉬움이 있었다. 무언가 선뜻 답하지 않는 그들의 경계하는 듯한 표정 때문에 섣불리 다가가기에 어려움이 많았다.

사실 해녀들의 생활은 일반인들이 이해하기에 낯선 부분이 많다. 우선 그들의 생활 현장 부분에서 나타난다. 대부분 여성으로, 옷을 갈아입고 물질을 하지만 탈의하고 씻는 곳 대부분이 노출되어 있다 보니 그들의 생활에 대한 어떤 숭고한 외경심보다는 측은지심이 먼저 드는 것이었다. 지금은 고무로 제작된 잠수복을 착용하고 있어 어떤 전문성을 지닌 작업에 임하는 복장이지만 1970년대 중반까지는 그렇지 않았다.

게다가 그들이 채취해 온 수산물을 힘겨운 노고에 대한 대가라기보다는 그저 물속에서 주워온 것들 정도로 폄하하는 시선이 없지 않았던 것이다. 물론 필자 역시 오랫동안 이런 생각들 속에서 해녀를 대했다. 마침내 수영구 어촌에 대한 취재를 하면서 2017년 겨울에서 이듬해 봄 사이 10

여 차례에 걸쳐 남천동과 민락동 해녀들을 만나게 되었다. 그들의 일상을 관찰하고 각종 사료를 찾아가는 과정에서 그들의 위대한 삶을 발견할 수 있었다.

조선시대 해녀에 대한 기록은 우선 그들에 대한 측은지심이 나타난다. 하지만 일제강점기 언론을 통해 나타나는 해녀들의 생활은 위대한 어머니로서의 삶이다. 그럼에도 근현대 해녀들에 대한 인식은 어업의 한 분야에 속하는 전문가로 대우하기보다는 그저 어려운 살림을 돕는 여성으로서 특정 분야를 담당하는 사람들 정도로 취급하는 경향이 없지 않았다. 사실 해녀란 어업의 한 분야에 종사하는 사람들로서 특히 연안 어장의 변화에 대해 누구보다 정확히 잘 아는 전문 종사자들이다. 그들이 채취하는 각종 해산물은 다른 어업인이 생산할 수 없는 것들이 대부분이다. 그래서 해녀는 여성들이 종사하는 여러 산업분야 가운데서도 독특한 고유 분야의 담당자라는 것을 발견할 수 있다. 하지만 여성이라는 이유 때문인지 아니면 종사하는 인원이 적은 탓인지 그들은 다른 산업분야에 비해 오랫동안 멸시당해 온 경향이 이어져 왔다. 해녀는 우리나라 전통어업의 한 분야를 지켜온 사람들이다. 그들의 존재 가치를 인정해주고 고유한 문화를 존중해주어야 한다.

민락어촌계 해녀들

민락어촌계에는 2019년 7월 30일 현재 11명의 해녀가 등록되어 있다. 하지만 등록되어 있는 해녀들 모두 물질을 하는 것은 아니다. 민락동 해녀

들은 대부분 친정이 제주도로, 이곳에 정착한 제주 해녀들이거나 그들의 2세이다. 이들 가운데 4명은 노령과 질환 등으로 현재 물질을 쉬고 있다. 남은 7명 가운데 3명은 고령과 기타 사유로 인해 체력에 무리가 가는 물질을 하지 않고 있다. 결국 7명 가운데 4명이 민락해녀촌을 지키고 있고, 3명은 민락동 씨랜드에서 활어횟집을 운영하고 있단다. 이들은 해녀 작업은 하고 있지 않지만 민락어촌계 소속 해녀로 등록되어있다. 민락어촌계 소속 해녀로 현재 활동하고 있는 해녀는 윤순열(75세), 강기선(72세), 오옥자(67세) 씨를 비롯하여 오순현(62세) 등 4명이다.

원래 이들 4명만 뭉친 것이 아니었다. 5명이었는데 수년 전 한 분이 물질을 하다 유명을 달리한 이후 4명이 협동 조업 중이다. 이들 네 분 해녀는 그야말로 민락어촌계 해녀 사총사이다. 이들을 민락어촌계 해녀 사총사라 부르는 이유는 크게 세 가지이다. 첫 번째, 물질과 해녀촌 운영을 함께 의논하여 진행한다. 두 번째, 사계절 내내 물질을 한다. 풍랑 혹은 극심한 혹한 등의 사유가 아니면 일단 매일 아침 해녀촌에 모여 그날의 물질을 상의한다. 세 번째, 매일 같은 곳에서 물질을 한다. 민락어촌계 마을어장이 세 곳 있지만 그때그때 상의하여 세 곳 가운데 한 곳을 지정하여 물질을 한다.

민락어촌계는 다른 지역과 달리 공동작업, 공동판매, 공동분배라는 마치 협동조합식 운영을 하고 있는 특징이 있다. 이들에게 바다는 단순한 일터가 아닌 매일매일 위험한 상황이 도사리고 있는 장소이다. 이런 곳에서 물질하는 해녀들로서 개인적 이익이나 욕심보다 공동의 운영방식을 취하고 있는 것은 매우 바람직한 일인지도 모른다.

해녀 쉼터에 돌아온 모습

사실 같은 구역에서 물질을 해도 개개인의 능력에 따라 혹은 그날의 운수에 따라 수확량이 차이 나게 마련이다. 마치 숲에서도 약간의 거리 차이에 생태계가 다르듯 물속 또한 마찬가지이다. 바닷속에는 물속에 잠겨 보이지 않는 바위인 '수중 여'가 어떻게 분포되어 있는가에 따라 해삼이나 멍게, 전복, 문어류의 서식이 달라지기 때문이다. 그러나 이들은 다른 지역과 달리 매일 같은 시각에 같은 장소에서 물질을 하고는 그날의 수확과 판매를 공동분배하고 있다.

이들 중 1945년생 윤순열(75세) 씨의 경우는, 동생 윤선열(62세) 씨도 민락동 해녀이다. 윤순열 씨는 고령인 탓에 가끔 물질을 빠질 때도 있단다. 특히 2017년 초겨울에 고관절을 다쳐 수술 후 요양을 하는 바람에 그해 겨울은 조업을 못 했다 한다. 그녀는 올해(2019년) 초여름에도 발목을 삐어 열흘 남짓 물질을 못 했다. 1948년생이신 강기선 씨는 윤순열 씨의 올케이다. 이분은 제주도에서 부산으로 출가물질을 와서 이곳에 자리를 잡았다 한다.

강기선 씨는 해녀 2세로 1970년대 중반에 수산물을 수출하는 어떤 분이 배를 한 척 사서 해녀 10~15명을 데리고 마산과 거제 등지로 다니면서 외지로 물질을 다닐 때 함께 했던 경험도 있다. 1953년생이신 오옥자 씨는 이들과 달리 출가 물질을 오신 친정어머니가 민락동에 자리를 잡았기에 출가 해녀의 2세이자 본토박이 해녀 1세인 셈이다. 물질 경력은 40년으로 가장 오래되었다. 1958년생이신 오순현 씨는 처녀 시절 제주도에서 삼천포로 출가 물질을 갔다가 그곳에서 남편을 만나 민락동으로 이사를 와 다시 해녀 생활을 하고 있다.

굴을 채취하여 다듬는 모습의 민락해녀 쉼터

  오순현 씨의 물질 경력은 37년에 이른다. 이들 민락동 해녀는 비록 나이 차가 있지만 20년 전부터 지역 어장을 지역 공동체로 삼아 함께 동고동락하고 있다. 이들 세 명 가운데 가장 어린 오순현 씨가 가장 상군 해녀라고 오옥자 씨가 치켜세운다. 물론 윤순열 씨와 강기선 씨도 상군 해녀에들지만 가장 막내로서 왕성한 활동을 하는 것에 대해 대견스레 표현한 것같다.

  해녀로서 상군에 들려면 수심 7~8m에서 10m에 이르는 곳에서도 원활히 작업할 수 있어야 한다. 가만히 보니 민락해녀촌을 오옥자 해녀가 진두지휘하는 격이 보여 그도 상군에 들어가는지 물어보았더니 그녀 스스로가 중군 정도란다. 이유인즉 원래 어려서부터 제주도에서 어른들로부터 혹독한 훈련을 받으면서 성장한 해녀라야 상군이라 할 수 있단다. 반면에 그녀는 이곳에서 배운 2세 해녀라서 상군 측에 들지 못한다며 겸손스

레 답한다. 사실 제주 해녀들의 경우 경험과 숙련도에 따라 상군(작업 수심 10m 이상), 중군(작업 수심 7~8m), 하군(작업 수심 3~5m)으로 구분한다. 상군 중에서도 채취 기술이 뛰어나고 경험과 지혜가 풍부한 해녀를 대상군으로 치켜세워 대상군이 그날그날의 물때 등을 감안하여 해녀들의 안전한 작업을 이끌고 간다.

겨울 바다의 민락 해녀들

필자는 부산 기온이 영하 9도까지 내려간 2018년 2월 7일 아침 민락 어촌계 해녀들의 작업 현장을 살펴본 적이 있다. 이날 아침 10시경 민락동 해안은 영하 6도에 체감온도 영하 11도였다. 이런 혹한의 날씨에도 이들 사총사 가운데 윤순열 해녀를 제외한 삼총사가 물질을 하고 있었다. 날씨가 너무 추워 멀리 가지 않고 해녀 쉼터 바로 뒤쪽인 민락 수변공원 일대에서 조업을 하고 있었다. 이렇게 추운 날씨에 군이 물질을 나온 사연을 물었더니 단골 고객이 자연산 돌미역을 부탁했기에 작업을 나왔다 한다. 그래서 물질을 오래 못하고 주문받은 양에 조금 더 작업을 했다 한다. 부산은 부산은 비교적 날씨가 온화하기 때문에 민락어촌계 해녀들은 물때만 맞으면 웬만한 날씨에는 조업을 하고 있었다.

2018년 2월 14일 오전. 이날 아침은 전날보다 약간 따뜻했다. 최저 기온 영상 2도, 아침 9시경은 영상 4도였다. 이날 물질은 일흔이 넘은 강기선 씨가 민락 수변공원 주변 해상에서 미역 채취만 하고 오옥자 씨와 오순현 씨가 본격적인 물질을 했다. 바람이 약간 일었다. 부산의 전형적인 겨울 바닷바람이지만 파고는 그다지 크지 않았다.

오전 9시 반경 해녀 쉼터에서 물질로 민락 어항을 빠져나간다. 물질 장소가 안개섬 주변으로 결정이 되면 해녀 쉼터에서 민락항 외항 방파제를 돌아 나가면서 군데군데 물질을 한다. 해녀 쉼터에서 안개섬까지 약 1.3km 물길을 서서히 유영해 나가면서 작업은 이어진다. 물질 작업과 이동을 반복하며 약 2시간 정도 걸려 안개섬 주변에 도착하면 30분 정도 안개섬 일대에서 물질을 계속한다. 안개섬 주변 수심은 그다지 깊지 않다. 약간 들쭉날쭉 하지만 2~3m를 넘지 않는다.

원래 이곳은 육지와 떨어진 바위섬이었는데 1984년 12월 경남진흥(주)에서 민락동 해안을 매립하면서 매립지와 연결된 해안 바위군이 되었다. 광안리 해변과 마찬가지로 해저면은 모랫바닥이다. 안개섬 주변 갯바위에는 해삼과 고동, 조개류를 비롯하여 간혹 문어도 채집하는 곳이다. 그런데 광안리해수욕장에서 밀려 들어오는 모래로 인해 차츰 그 양이 줄어들고 있다 한다. 광안리 백사장의 유실된 모래를 인위적으로 보충하는 과정에 모래가 안개섬 쪽으로 밀려 나와 쌓이는 것이다. 안개섬 동쪽이 매립지인 민락회센터 주변이어서 이로 인해 모래가 옆으로 퍼지지 않고 안개섬 주변에 차곡차곡 쌓이다 보니 날이 갈수록 수심이 낮아지면서 해저 하상 변화로 수중 해산물들의 서식지가 점차 사라지고 있다는 것이다. 이 일대에서 12시 반경까지 물질을 계속하다 서서히 쉼터 쪽으로 방향을 틀었다. 외항 방파제 옆으로 유영해 오면서도 물질은 계속된다. 하지만 안개섬까지 오면서 어느 정도 물질을 했던 터라 한두 번 물질을 잠시 진행하는 정도로 했다.

겨울철 민락 해녀들의 1회 잠수 시간은 대부분 35~40초 정도이다. 올해 환갑 나이인 오순현 씨가 가끔 숨비소리를 내곤 했는데 불과 40여 초만에 다시 물질을 한다. 10여 분을 관찰하니 평균 잠수 시간 35~40초인데 숨을 고르고 다시 물질하기까지 45초를 넘는 경우가 별로 없다. 가끔 25초 내외로 잠수하였다가 수면 위로 떠 오르곤 했는데 아마 그 자리의 해산물을 한 번에 다 채집하지 못해서 다시 들어간 경우로 여겨진다. 마치 숨 돌릴 틈도 없이 물질하는 것 같았다. 1분 20초에서 1분 30초 사이에 한 번 물질을 하는 셈이니 시간당 40~45번 물질을 이어가는 셈이다. 민락동 외항 방파제 주변 수심이 3~4m 정도로 추정되는데 이 정도 수심에서의 작업은 대부분 이런 정도로 물질하는 것 같다. 가끔 테왁과 5~6m 정도 떨어진 곳으로 나올 때도 불과 5초 정도 차이가 나지 않는다.

민락매립지 옆 안개섬

오후 1시 10분경 민락 외항 방파제 끝 지점까지 도달했다. 약 700m 거리의 바닷길을 40분 정도 물질을 반복하면서 돌아온 것이다. 외항 방파제 끝머리 주변에서 민락 수변공원 일대까지 20분 정도 물질이 이어지더니 서서히 내항으로 헤엄쳐 들어온다. 망사리에 가득 찬 해산물들 위에 테왁을 얹어 마치 테왁을 양팔로 감싸듯 안고 유유히 헤엄을 치며 온다. 내항으로 들어오는 길은 어선들이 드나드는 길과 같아서 위험천만한 코스이다. 그래서 해녀들은 내항 방파제 테트라포드 쪽으로 바짝 붙어서 헤엄치며 들어온다. 오후 1시 40분경 해녀 쉼터로 올라왔다.

남자 한 분이 뭍으로 올라오는 것을 도와주었지만 망사리에 든 수십 킬로나 되는 수확물을 등짐 지고 해녀 쉼터로 향한다. 민락 수변공원 주변에서 채취하여 별도 망사리에 가득 찬 미역은 남자분이 옮겨다 주었다. 해녀 쉼터에는 민락 수변공원 인근에서 미역만 채취하고 먼저 올라온 강기선 씨가 미역을 정리하고 있었다. 망사리에 가득 찬 수확물들을 쉼터 바닥에 쏟아부으니 말똥성게와 소라, 해삼, 군소가 여기저기 뒤섞여 있다. 제법 큼직한 문어도 한 마리 있었다. 해녀에게는 문어와 전복이 큰 수입이 되는 해산물이지만 민락동 마을 어장에는 문어와 전복은 극히 드물게 채집되는 편이라 한다.

오옥자 씨와 오순현 씨는 해녀복을 갈아입을 틈도 없이 수확물부터 정리하기 시작했다. 군소와 소라는 따로 담고 곧바로 말똥성게를 까기 시작했다. 성게를 까는 작업 도중에 물이 튀기도 하기 때문에 해녀 복장 그대로 작업을 한다. 20년 전에는 겨울에서 봄 사이에 말똥성게알을 하루 2~3kg 정도 수확이 가능했지만 지금은 500g 수확하기도 힘들단다.

광안리해수욕장 앞의 보물섬

오른쪽 사진 ②지점은 민락항과 광안대교 중간지점으로 민락어촌계 마을어장으로 해녀들의 조업구역이다. 이곳은 수중 여가 있는 데다 먼바다의 물들이 교차하는 곳이어서 민락 수변공원 자락인 ③지역이나 안개섬이 있는 ①지역보다 문어를 비롯해서 전복, 소라 해삼 등이 지천으로 널려있는 곳이라 한다. 민락 해녀들은 이곳을 '오마네기'라 부른다고 한다. 무슨 뜻인지 물어보니, 그저 '많이 쌓여있는 곳"이라는 그들끼리 통하는 표현이라 한다. 해녀 쉼터에서 이 오마네기까지는 헤엄을 쳐서 가는 거리는 800m에 이른다. 물살이 셀 때는 배를 빌려 움직이지만 평소에는 막내 오순현 해녀가 담당하는 곳이어서 이곳까지 헤엄을 쳐서 간다. 해녀 쉼터

남천, 민락어촌계 마을어장 위치도
① 안개섬 주변 ② 광안대교 앞 수중 여 ③ 민락수변공원 일대

에서 이곳까지는 약 1km 정도 되지만 오순연 해녀는 쉬엄쉬엄 헤엄으로 간다.

이곳은 수중 여이기 때문에 깊은 곳과 얕은 곳이 있는데 한 번씩 갔다 오면 수확량이 대단하다. 광안대교 교각 아래도 마찬가지이다. 광안대교 교각 아래에는 자연산 홍합이 무리를 지어 자라는데 크기도 아이들 주먹 크기여서 상품가치가 대단하단다. 광안대교 교각 아래에 자라는 홍합을 제주에서는 '섭'이라 부르는데 일반 홍합과는 비교가 안 될 정도로 맛과 향이 뛰어나 그냥 삶아 먹거나 미역국을 해서 먹으면 그 맛을 잊지 못할 정도로 향미가 뛰어난데 아쉽게도 겨울철에만 수확을 한다고 한다. 광안대교 교각 아래에는 멍게도 많이 자라는 곳인데 2015년 이후 고수온 현상으로 대부분 녹아내리고 이제는 이따금 몇 개 정도만 보이는 정도라고 한다. 여름철 고수온 현상이 지속되면 제일 먼저 피해를 보는 것이 멍게란

다. 이들은 바위에 뿌리를 내려 성장하다 보니 이동이 불가능하여 고수온 피해를 고스란히 입는다 한다. 그리고 전복도 마찬가지로 이동 속도가 느려 찬 바닷속으로 긴급 피난을 하지 못해 피해를 보는 것이다.

광안리해수욕장 일대는 1970년대 초반까지 모시조개가 흔했다 한다. 그런데 1980년대 이후 해수욕장 주변에서 모시조개는 거의 볼 수 없다 한다. 그런데 해수욕장에서 300~400m 떨어진 해안 속에는 지금도 모시조개가 있다고 한다. 그리고 개조개도 가끔 보인다고 한다. 이로 인해서 조개류를 잡아먹고 사는 문어가 가끔 잡힌단다.

대를 이을 해녀가 없다

해녀 작업의 승계와 관련해서 물어보니 사람이 없단다. 얼마 전 한 분

민락항 입구로 들어오는 어선들 – 이 물길을 헤엄치며 드나드는 민락 해녀들

이 이곳에서 물질을 해보겠다고 왔는데 경륜이 약해 잘 설명해서 돌려보냈다 한다. 이분은 제주도 해녀학교에서 1년간 해녀 수업을 받았다고 하는데 그 정도 경력으로는 안 된다고 돌려보낸 것이다. 제주도처럼 바닷물이 늘 맑은 곳은 실력이 다소 떨어져도 얕은 물에서 작업을 하며 실력을 키우면 되지만, 이곳 바다는 물이 늘 흐린 데다 수심이 깊다. 특히 테트라포드 주변 작업은 항상 위험이 도사리고 있어 초보적 실력으로는 안 된다는 것이다. 제주 해녀들에게서 최소 3년 이상은 물질을 배우고 와야 이곳에서 적응이 가능하다는 것이다. 제주 바다처럼 물질하는 주변이 수중 여라 부르는 해안 바위에서의 작업도 위험이 도사리고 있지만 이곳 민락동 해안처럼 테트라포드가 둘러싸여 있는 곳은 특히 위험이 크다는 것이다. 그래서 제대로 배운 해녀가 아니면 이런 곳에서 물질하는 것은 매우 위험하다는 것이다.

민락동 해안의 변화

진조말산 끝자락 아래 해안은 민락 해녀들의 삶터였다. 넓은 수영강 하구 끝자락 남서쪽에 위치한 진조말산이 바다로 넓은 갯바위가 펼쳐져 있어서 각종 해조류와 더불어 해산물이 지천에 널려 있었다. 1960년대 민락동에는 32명의 해녀가 있었다. 지금에 비하면 8배가 넘는 인원이 있었지만 수영만 바다는 이들 모두에게 생계 터가 되어 주었다. 1960년대 후반까지 민락동 일대 해안지형은 아래 그림에 표시된 ①에 나타난 것과 같았다. 우선 수영강 하구의 넓은 모래벌판에 조개류들이 지천으로 널려 있었다. 그리고 강 하구 진조말산에서 안개섬에 이르는 사이에는 갯바위가 넓게 펼쳐져 있고 지금은 해수욕장이 된 광안리 해변 모래벌판에는 모시조개와 맛조개가 지천에 널려 있었다. 그리고 해변에서 지금 광안대교가 지

수영강 하구의 1953년 모습
① 진조말산 ② 민락 본동마을 ③ 널구지마을 ④ 현 센텀시티 신세계백화점 자리
⑤ 옛 수영교 ⑥ 백산 ⑦ 민락동 안개섬 ⑧ 보리전마을

나는 공간 사이에 수중 여가 펼쳐져 있고 광안리와 남천동 경계 지역에 갯바위가 펼쳐져 있었다.

하지만 1989년 이후 서서히 매립이 진행되어 옛 바위 해변은 사라지고 그 위로 온갖 상업시설과 도로로 변하였다. 대신 해안을 빙 둘러싸고 있는 테트라포드가 바위 해변을 대신하고 있다. 하지만 과거 진조말산 아래 갯바위에 비할 바는 아니란다.

도시화로 인한 피해를 온몸으로 안고 살다

지금은 폐업한 미월드 앞 해안 갯바위 일대는 잘피라는 해초가 많은 곳이었다. 잘피는 청정해역에서 자라는 해초로 이 해안이 과거 얼마나 깨끗한 곳이었는가 말해준다. 매립 전 이곳 해안에서 미역을 채취하며 생활하기도 했다. 겨울철이면 물속에 잠긴 갯바위에 돌미역이 새까맣게 붙어 자랐다 한다. 일부 주민들은 그 앞 해상에서 미역양식도 했는데 1986년 아시안게임을 준비하면서 만든 요트경기장 때문에 보상도 받지 못하고 모

민락포구의 변천

두 철거하게 되었다.

1960년대 이후 부산의 도시화가 외곽지역으로까지 번지면서 수영만 일대 어장 변화도 크게 일었다. 특히 1962년부터 시작된 '신부산 건설'의 기치 아래 부산시는 대대적인 도시정비사업을 추진했다. 이 과정에서 신부산 구획정리사업의 일환으로 수영강 하구 직강화가 실시되고 강 주변 일부를 매립하여 그곳에 각종 공장을 유치했다. 1963년 망미동에 고려제강이 들어서고, 민락동 옛 보리전 마을 앞의 1만 8천 평의 매립부지 위에 1969년 9월 20일 태창목재 주식회사 제1공장이 들어서면서 보리전 마을 포구가 사라졌다. 과거 널구지라 부르던 수영강 하구의 광활한 모래벌판 위에 공장이 들어선 것이다. 태창목재 주식회사는 1969년 민락동 널 구지 앞 공장에 이어 1973년 8월 민락동 본동마을 앞 해안매립지 13,697평에 연건평 8천 평 규모의 제2공장을 건설하여 1974년 6월 준공했다. 현재 태창목재 제1공장 자리에는 1989년 현대아파트, 2004년 협성르네상스 아파트 단지가 들어서고 제2공장 자리에는 세방 컨테이너 장치장이 들어섰다가 2003년 센텀 푸르지오 아파트 단지가 들어섰다.

수영강 하구 주변의 공장들 대부분이 조업 과정에서 발생하는 각종 공해 물질들을 수영강으로 무단투기했다. 환경법은 있어도 단속은 느슨했다. 1980년대 접어들면서 강 하구뿐 아니라 수영만 일대 각종 어패류와 수산물에 이상 조짐이 나타나기 시작했다. 이들 공장에서 무단 투기한 각종 공해 물질들이 20년 이상 퇴적된 탓에 강의 오염은 돌이킬 수 없는 상황에 이른 것이다. 특히 동래 원동 로터리 인근에 자리했던 '왕표연탄' 야

옛 해안선

진조말산

② ①

③

민락 수변공원

④

⑤

바위 해안

현재 민락동 일대 지도

민락어항 변천도

① 1972년까지 민락 어항 ② 1972년~1985년경 까지 ③ 1985년경~1991년까지
④ 1991년부터 2008년까지(이 시기 일부 어선들이 ●표기 부분을 임시 어선 정박장으로 사용함) ⑤ 2008년부터 현재

적장의 석탄 분진은 수영강 하구와 수영만 바닥을 시커멓게 뒤덮어 버렸
다. 모랫바닥에 석탄 분진이 뒤덮이면서 조개류들이 서서히 사라지기 시
작했다.

게다가 수영만 일대에 수시로 시커멓게 오염된 강물이 흘러들었다.

1975년 7월 수영강 하구 어촌계인 민락어촌계와 해운대 지역 어촌계원 77명이 수영강 중상류지역에 위치한 공해 배출업체들에 어장 황폐화로 인한 손해배상 청구 소송을 제기하기도 했다. 이 소송으로 어민들이 원고 일부 승소 판결을 받아 일부 어업 손실에 따른 보상을 받았다. 이후 1981년 9월 민락 어촌계원 62명과 해녀 28명은 수영강 중상류지역에서 각종 오·폐수를 방류하는 43개 기업에 대한 손해배상청구 소송을 제기하였다.

3년 3개월이라는 긴 소송 기간 끝에 1984년 6월 27일 (주)대우실업, 금성사 등 27개 회사가 연대하여 민락어촌계 어민, 해녀 등 116명이 승소 판결을 받았다. 1970년대 산업계는 중화학공업이 극도로 발전하면서 대한민국의 경제 견인차 역할을 했던 이면에 '공해 대한민국'이라는 오명 속에 힘없는 농어민들의 힘겨운 싸움들이 지속되면서 이때 처음으로 보상다운 보상을 받았다고 민락어촌계 해녀들은 회상한다.

수변공원 공사 피해로 보상받은 민락 해녀 쉼터

하지만 1988년 8월 〈88 서울 올림픽〉 기간 중 수영만 요트경기장에서 치러진 요트경기로 인하여 수영만에 위치한 민락어촌계를 비롯한 청사, 미포, 송정어촌계에서는 9월 10일부터 30일까지 30km^{2}에 달하는 어장에 대한 어선 출입금지구역을 설정하는 바람에 막대한 피해를 보기도 했으나 국가사업 수행 과정이라는 이유로 아무런 보상을 받지 못했다.

1992년 8월부터 민락 수변공원 공사가 시작되어 1997년 5월에 길이

543m, 너비 39m 총 30,752㎡ 규모의 수변공원이 완성되었다. 해운대와 광안리의 중간지점에 위치하고 있는 민락 수변공원은 바다와 휴식공간을 결합한 국내 최초의 수변공원으로 조성되었다. 이 수변공원 조성공사 기간 중 직접적인 피해를 입은 민락 해녀들은 한 푼도 보상을 받지 못했다.

부산시의 정책 결정에 따른 공사이기 때문이라 특별한 보상 대책이 없었다 한다. 결국 해녀들의 볼멘소리가 커지자 지금의 해녀 쉼터를 마련해 주었다. 아마 정책을 시행하는 공무원들 입장에서는 해녀들이 그저 바다에서 공돈을 버는 사람들로만 생각하고 있는 것인지 모를 일이다. 제주의 어머니이자 강인함을 상징하는 제주 해녀문화의 가치와 보전의 필요성을 인정해 제주 해녀문화가 2016년 인류 무형문화유산으로 등재되었다. 해녀들은 바다를 단순히 채취의 대상이 아닌 공존의 대상으로 인식하고, 수산물을 채취하며 경제의 주체로서 공동의 이익을 먼저 생각했던 공동체 정신까지 지니고 있다.

각종 개발로 인한 생태계 변화를 온몸으로 체험하다

지금의 민락 해안 진조말산 동, 서, 남쪽 일대, 지금 민락 횟집촌과 아파트 단지가 된 곳은 모두 매립으로 인해 형성된 부지이다. 최초의 부지는 안개섬과 마주한 민락수변로에서 광안해변로 294번 길 사이 2만 2천 평을 1981년 4월 해운항만청으로부터 매립허가를 받아 1984년 12월 준공했다. 이곳 매립지는 오랫동안 방치되어 있었는데 그동안 이 매립지에 많은 사람이 생활 쓰레기를 투기했다. 그래서 비가 오면 이곳에 고여있던 썩

은 물이 민락어촌계 해녀들의 어장으로 흘러들어 무려 10년 이상 피해를 보았다.

이후 오늘날 부지로 만들어지기까지 여러 차례에 걸친 매립과정의 피해도 똑같았다. 매립 전 이곳은 진조말산에서 바다로 흘러내린 자연 갯바위가 크게 형성된 곳이어서 해녀들로서는 천혜의 조업 현장이었다. 물속에는 각종 산호류가 형형색색으로 있어 마치 용궁에 들어간 분위기였다고 한다. 민락 해안 매립 이후 민락 해녀들의 조업 장소 가운데 한 곳이 된 민락 수변공원 앞 해안은 지금은 다양한 해조류들이 서식하고 있지만 과거의 물속 풍광은 아직 나타나지 않는다고 한다.

민락동 해녀들의 계절별 어획물

　민락어촌계 해녀들은 민락항과 수변공원 사이 어촌계 사무실이 있는 건물 옆 어선용 유류 탱크와의 사이 빈터에 파이프 골조를 하고 천막을 쳐서 해산물 작업장을 겸한 간이 판매장을 만들었다. 바깥에서는 보이지 않아 이곳은 아는 단골들만 드나든다.

　봄에는 전복, 성게, 모시조개, 해삼, 군소, 소라, 고둥 종류를, 여름에는 보라성게, 홍합, 소라, 문어, 고둥류, 가을에는 말똥성게, 소라 등을 겨울에는 미역, 돌담치, 말똥성게, 해삼 등이 주류를 이룬다. 여름철에는 고둥류와 돌담, 말똥성게가 주로 잡히는 데 말똥성게는 8월부터 4월까지 많이 잡힌다 한다. 이 시기 말똥성게가 알도 적당히 차서 상품성이 좋다고 한다. 5월부터 7월 사이의 말똥성게는 알이 별로 차지 않는다고 한다. 보라

민락해녀 쉼터에 마련된 판매장

해녀들이 채취한 소라 – 뿔이 없는 종류가 알이 크게 찬다고 한다

성게는 1월부터 주 수확물이다. 이 시기에 알이 꽉 차기 때문이란다. 말똥 성게의 경우 알이 너무 꽉 차면 맛이 쓰다고 한다.

해녀들의 수확물은 12월부터 4월까지가 모든 종류가 다양하게 생산된다. 특히 겨울철 작업이 한 해 작업의 3분의 2 이상을 차지하기 때문에 지금 계절보다 겨울에 더 열심히 일하는 편이라 한다. 날씨가 더운 여름철에 물질하는 해녀들이 다른 계절보다 행복할 거라는 생각이 살짝 들어 물어보았다. 봄에 손님들이 많은데 여름 해수욕 철에는 그다지 손님들이 없단다. 싱싱한 해물을 안주 삼아 술을 한잔하고자 오는 손님들이 대부분이다 보니 날이 더운 여름날에는 낮에 손님이 거의 없다는 것이다. 그런데 해녀촌은 오후 6시가 되면 마치니 이 시간에 시원하게 바닷바람을 쐬러 오는 사람들이 뜨거운 낮에 오지 않기 때문이다. 민락해녀들은 아침 8시에 출근해서 오후 6시에 퇴근하니 마치 일반 직장과 마찬가지인 셈이다. 다만 토요일과 일요일 작업을 하기 때문에 가끔 월요일이나 화요일에 쉬는 경우가 있다고 한다. 다만 겨울철에는 오전 9시에 출근한다.

여해 동락(與海同樂)하는 민락동 해녀들

민락 해녀촌에는 하나의 기준이 있다. 이곳에서 산 채로 파는 것은 허용하지만 담치와 같이 삶아서 파는 것은 해녀촌 밖으로 가지고 나가지 못하게 하는 것이다. 일부 지각한 시민들이 담치를 삶은 것을 해녀촌 바로 인근에 위치한 수변공원으로 가져가서 먹고 남은 담치 껍질 등을 주변에 마구 버리고 가는 탓에 이를 막기 위해 날 것으로 사가는 경우는 괜찮지만 삶아서 외부로 가져가는 것은 철저히 단속한다고 한다. 실례로 며칠 전 손님 한 팀이 담치를 삶아 달라고 해서 삶아주고는 다른 일을 보고 있는데, 갑자기 손님이 삶은 담치 들고 어디론가 가버렸다. 그래서 혹시나 싶어 수변공원에 갔더니 담치를 가져가서 그곳에서 소주 안주로 삼아 먹고 있었단다. 그래서 담치 값을 도로 내어 주고는 그릇째 들고 와버렸다고 한다.

한국전쟁 피란 시기 수영구의 남천동과 광안동, 민락동에는 무려 150명이 넘는 제주 해녀들의 생활공간이 되었다 한다. 여러 사람의 증언에 따르면 당시 부산지역에서 영도 다음으로 많은 해녀가 이곳에 자리를 잡고 생활하면서 일부 정착하여 오늘의 수영만 일대 해녀들의 원조를 이루었던 역사가 있었다. 하지만 오늘날 수영구에는 불과 손에 꼽히는 정도의 해녀들이 겨우 명맥을 잇고 있다. 이들 해녀는 모두 해녀 2세를 육성하는 정책이 있다면 적극적으로 돕겠다고 한목소리를 내고 있다. 그들의 삶과 전

통이 끊어지지 않기를 바라는 것이다. 하지만 해녀의 삶에 적극적으로 뛰어드는 젊은이들은 제주를 제외한 다른 지역에서는 불과 손에 꼽을 정도밖에 되지 않는다. 오늘 우리가 기록하는 해녀들의 삶이 불과 20년 뒤에는 기억의 자산으로 남지 않을까 걱정이 된다. 우리나라 수많은 해안지역에 해녀들이 있다. 이들은 문화유산을 이어오는 사람들로서만이 아닌 전문 수산 어업인으로서의 입지도 마련해 주어야 한다고 본다. 그렇게 해야만이 해녀문화의 전승도 희망이 생길 것이라 믿기 때문이다.

민락어촌계 해녀들은 다른 지역에 비해 그동안 개발로 인한 피해가 가장 심했던 곳에 위치하고 있는 데다 현재 일반 어항과 같은 출입구 사용, 조업공간 주변의 테트라포드로 인한 위협 등 극심한 환경 속에서도 명맥을 이어오고 있다. 민락동의 지명이 '여민동락(與民同樂)'에서 온 것처럼 민락 해녀들은 '여해동락(與海同樂)', 즉 바다와 더불어 삶을 즐기고 있는지 모른다.

저승에서 벌어서 이승에서 쓴다

해녀들이 많이 하는 말 가운데 하나가 '저승에서 벌어서 이승에서 쓴다'는 것이다. 물속에서 숨도 안 쉬고 작업을 하는 까닭에 이런 표현을 쓰는 것이다.

민락 해녀가 좌판에서 장사를 하는데 한 손님이 이렇게 물었다.

"아주머니 숨 안 쉬고 돈 버는 직업이 뭔 줄 압니까?"

"에이 숨을 안 쉬고 돈 버는 직업이 어디 있쑤꽈."

"에이~ 그것도 몰라요. 해녀가 숨 안 쉬고 돈 버는 직업이지요~."

김여나

———

30년 가까이 기장 바닷가에 살았다.
바닷길을 걷다가 포구와 등대에서 사람을 만난다.
사람들 틈에서 두런두런 이야기를 나누며 동화를 짓는다.

마법의 전사,
문동 해녀

김여나

바다를 걸으며

머릿속이 엉킨 날은 바다로 간다. 고개를 숙인 채 바닷길을 걷는다. 걷고 또 걷다 보면 테트라포드에 부서지는 물거품이 숨죽어 있던 세포를 하나하나 건드린다. 나는 그만 엄마 품을 파고든 아이가 된다. 해녀가 거친 바다를 헤치고 나와 '호잇'하며 달래준다.

해녀가 다시 물질을 시작하면 하염없이 바다를 바라본다. 30년 가까이 해녀를 보면서 애잔한 마음을 표현해 본 적 없고, 해녀의 삶을 들어본 적 없다. 지금, 문동 해녀를 만나러 집을 나선다.

문동 포구에서

　문동 포구는 기장시장에서 마을버스 3번을 타는 게 제일 편리하다. 기장에서 해안도로를 타면 자동차로는 10분 거리다. 문동은 횟집 촌으로 시끌벅적한 칠암과 문중, 독특한 멋과 맛의 거리인 임랑 중간에 있다. 테트라포드가 방파제 끝에서 해안도로까지 이어져 갯마을의 비릿한 정취가 느껴진다.

　마을로 들어서면 옛 돌담과 기와집이 보이고, 갈매기가 가로등에 앉아 꾸벅꾸벅 졸고 있다. 남의 집 마당을 차지한 길고양이는 사람이 지나가도 태연자약하다. 갈매기와 길고양이만 봐도 문동이 어떤 곳인지 알 것 같다.

　등대가 여섯 개나 보인다. 등대는 바다의 길잡이고 휴식과 소통의 장소다. 소중한 가치와 상징을 선물해주는 등대를 여럿 볼 수 있어 복 받은 포

구다. 왼쪽에는 빨간색 문동 등대와 하얀색 문중 등대가 보인다. 가운데에는 칠암 등대인 붕장어 등대, 야구 등대, 갈매기 등대가 있다. 오른쪽에 신평 등대가 있다. 어둠이 짙어지면 등대는 바다에 빛을 풀어낸다. 등댓불이 깜빡일 때마다 가슴이 마구 뛴다.

문동 마을이 속한 지역은 『호구총수(1789)』에 기장현 중북면 독이리(禿伊里)와 독포(禿浦)로 기록되어 있다. 1995년 3월 1일 부산광역시 기장군 일광면 문동리 문동 마을이 되었다. '문오성 거리'라고도 하는데 '문동, 문중, 칠암, 신평, 동백'이 포함되어 있다. 문동은 161세대가 옹기종기 모여 산다. 해녀회에 등록된 해녀가 34명이지만 고령화로 작업이 가능한 해녀는 17명 정도뿐이다.

한인준 어촌계장은 지금의 해녀는 역사에 남을 국가무형문화재라고 했다. 해녀가 사라지면 수중 로봇이 바다에 들어가서 필요한 만큼 수확하

거나, 바다 작업이 가능한 사람(스쿠버 잠수)을 쓰게 될 거라며 쓴웃음을 지었다.

기장군에서는 2016년부터 2017년까지 '문동 해녀 복지관'에서 〈해녀 문화체험교육 사업〉을 실시했다. 동의대 한·일 해녀연구소와 연계하여 일반 시민을 대상으로 '기장 해녀 문화를 알리고 보존하기 위함'이었다. 그때도 해녀들은 임덕이(73세) 해녀 회장을 중심으로 솔선수범해서 거침없이 바다에 뛰어들었다. 아쉽게도 지역 주민보다 다른 지역 참여자가 많아 해녀 승계로 이어진 사람은 없다.

해녀의 명맥이 끊어지면 물질 노동으로 자연스레 터득한 규칙도 상실된다.

'테왁과 납에 의지해 파도를 타고 넘으며, 상품이 되는 해산물만 잡아야 한다'는 지혜마저 사라질 것이다.

문동 포구에서 건너편 고리원자력발전소가 희미하게 보인다. 능선으로 이어지는 철탑이 해무를 뚫고 성큼성큼 다가올 것 같다. 한때는 고리원자력발전소에서 바다에 유해 물질을 버린 사실이 적발되고, 해수 담수화 수돗물 공급 문제로 논란이 컸다. 고리원자력발전소 가까이 있는 문동 포구의 어촌계와 해녀는 바다와 생계를 위해 마음을 모았다.

해녀 전사

해녀는 바다의 전사다. 바다에서 생물과 해조류를 채취하는 독특한 문화이며 위대한 유산이다.

'제주 해녀문화'는 2016년 11월 30일 유네스코의 인류무형문화유산으로 등재되었다. 2017년 5월 1일에는 국가무형문화재 제132호로 '해녀'가 지정되었다. 문동 해녀는 그것만으로도 자존감이 높다. 사람들은 바닷길을 걷다가 '휘이!'하는 소리에 고개를 돌린다. 해녀가 힘겹게 내뿜는 '숨비소리'는 희망의 메시지다.

해녀는 바다 날씨가 좋으면 새벽부터 바쁘다. 바닷물이 어둡고 파도가 치면 금세 물 밖으로 나온다. 바다가 맑고 잔잔하면 망사리가 가득 차도록 자맥질을 한다. 해녀를 보려면 돌아올 때까지 무작정 기다릴 일이다.

해녀는 목적을 가진 낯선 사람들이 이런저런 협조를 부탁하면 귀찮아서 마음이 닫힌다고 했다. 취재 핑계로 카메라를 들이대면 피하고 싶다며 한숨을 쉬었다. 그래도 욕심 없이 다가오는 사람을 만나면 입이 스르르 열린다며 너스레를 떨었다. 진심은 어디서든 통하나 보다.

바다에서 나고 자란 문동 해녀는 제주 해녀로부터 물질을 배운 뭍 출신의 지선(地先) 해녀다. 어린 시절 육지에서 뜀박질하며 놀았던 친구가 바다에서는 해수욕 짝지다. 머리 허연 해녀들이 고무 옷을 입고, 허리에 납을

문동 포구

두른 채 도란도란 이야기하면 소녀로 돌아간 듯 즐거워 보인다. 그러다가도 물안경을 쓰고 테왁 망사리를 끌며 물질에 나설 땐 위풍당당했다.

문동 해녀는 생활력과 경제력이 강하다. 특별한 환경 탓으로 억척스럽게 산 덕분이다. 그들에게 바다와 흙은 삶의 터전이고, 계좌 없는 통장이

라 했다. 물때가 좋으면 바다로 가고, 물때가 나쁘면 밭에서 산다. 하루의 절반 이상이 노동이라 잠시도 쉬지 않는다.

그렇게 모은 돈으로, 손자 용돈을 줄 때 기쁘다는 말속에 자부심이 느

껴진다. 육체노동으로 힘들게 돈을 번 만큼 손수 비싼 운동화 한 켤레 사 본 적 없는 검소함도 배어있다. 해녀는 미끄럽지 않고 발 편한 고무신을 신어도 당당하단다. 누가 뭐래도 마음이 부자니까 부러울 게 없다.

아침에 눈을 떴을 때, 바다가 어두우면 해녀의 가슴은 답답하다. 물에

들어가면 가슴이 시원하지만, 막상 바다 깊숙이 내려갈 때는 지옥과 다름
없다. 해초는 검은 머리카락을 풀어 헤친 귀신처럼 다리를 척척 감고, 어
쩌다 폐그물이나 양식장 밧줄에 발이라도 걸리면 눈앞이 하얘진다. 해녀
는 숨이 차오르면 생물에 욕심을 내지 않고, 물속에서 가슴으로 숨을 쉬
다가 바다 위로 고개를 내밀어 '휙'하고 소리 낸다. 그리고 다시 헤엄칠 때
가장 행복하다는 말에 가슴이 먹먹하다. 목숨을 건 노동을 기쁨이라 말하
는 사람이 과연 몇이나 될까 싶다.

용감한 심청이

문동의 대표적인 지선 해녀는 임덕이(73세) 해녀 회장이다. 길쭉한 문동

문동마을 전경

포구 끝자락인 '새끝'이나 집 앞바다에서 물질한다. 300명 중에 1등 할 정도로 솜씨가 좋다. 임덕이 해녀 회장 부모님은 일본에서 살다가 해방이 되고 한국으로 돌아왔다. 제주도 출가해녀를 보고 돈이 되겠다 싶어 바다에 풍당풍당 빠졌다고 했다. 아버지는 임 회장을 '심청이'라고 불렀단다. 인당수에 몸을 던져 아버지의 눈을 뜨게 한 심청이처럼 해녀는 바다에 뛰어들어 식구를 먹여 살린 거다.

임 회장은 해녀에게 처한 문제를 해결하기 위해 여장부가 되었다. 아들 자동차에 앉아 지구를 두 바퀴쯤 돌았을 거란다. 반면에 아기자기하면서도 호기심이 많고 적극적인 성격이라 뜨개질, 비즈 공예 등 배울 기회가 있으면 뭐든지 도전한다고 했다.

요즘은 잠수병 치료를 위해 밤낮으로 뛰어다닌다. 해녀는 잠수로 인해 만성질환이 생겨서 약물과 물리치료를 달고 산다. 다행히 정관일신기독병원에 최첨단 장비인 고압 산소 치료기가 들어왔다. 한 번 치료비가 오만 원인데, 할인을 해도 만 칠천 원이라 경제적으로 부담스럽단다. 부산시 해녀는 고압 산소 치료에 대한 예산지원금을 확보하여 경제적인 도움을 받는다. 임 회장은 기장군의 도움도 받고자 군수와 면담했다. 문동 해녀는 힘든 현실을 비관하거나 머물지 않고, 권리를 찾아 나서는 이 시대의 여성상이다.

문동 해녀는 계절마다 바다 농사가 정해져 있다. 11월 말에서 1월까지는 잔가시가 송송 박힌 성게를 채취해서 일본으로 수출한다. 성게를 반으로 갈라 속에 있는 운단(雲丹)을 꺼내, 촘촘한 소쿠리에 넣고 바닷물에 헹군다. 신선도를 유지하고, 상품 가치를 올리기 위함이다. 20년 전만 해도 운단 채취를 하면 해녀뿐 아니라 마을 사람 모두 바다로 나갔다. 지금은 옛날이야기다. 바다의 오염과 기후 변화로 해마다 운단이 줄어든 탓이다.

2월에서 3월은 미역 채취를 한다. 물살이 깊은 바다에서 미역을 뜯어 햇살에 바짝 말린다. 5월에서 6월은 다시마 작업을 한다. 양식장에서 가져온 다시마를 크레인으로 건져 바닥에 풀어헤치고 바닷물로 씻어낸다. 그러고는 다시마로 포구 주변을 빙 둘러놓은 하얀 그물에 검은색 옷을 입힌다. 해녀는 갈매기들이 쏘아대는 똥을 맞으면서 묵묵히 일만 한다.

어촌계와 해녀는 좋은 날을 잡아 전복 채취 작업을 나선다. 수심 6m 이상에서 따온 전복의 판매금은 어촌계에서 60%, 해녀는 40% 분배한다. 어촌계와 해녀회는 티격태격할 때도 있지만 공동 작업과 큰일 앞에서는 똘똘 뭉친다. 그랬기에 문동이 포구의 기능을 제대로 하는 거다.

태풍이나 날씨로 인한 피해보다 더 큰 고민은 절도단이다. 해녀가 목숨 걸고 바다에 들어간다는 걸 한 번이라도 생각하면 하지 못할 거다. 간

이 없다. 오히려 무기로 위협하거나 맘대로 해보라며 비아냥거린다. 그래
도 해녀는 물러서지 않는다. 문동 바다를 지켜야 하니까.

　비수기에는 통발 어업을 한다. 통발로 잡은 고기는 해녀가 판매하지 않
고 근처 상인에게 넘긴다. 그게 끝이 아니다. 계절마다 밭농사도 다양해서
바다가 찌푸린 날엔 흙바닥에 쪼그리고 앉아 땅을 판다. 유명한 작물로는
1년에 4모작 하는 쪽파 농사다. 샛바람이 불어 쪽파가 출렁거리면 보리밭
보다 더 멋질 것 같다.

문동의 마법사

　밀물 때가 되자 바닷물이 차올랐다. 배가 출렁출렁 춤을 춘다. 선착장까지 바닷물이 들어와 해면이 높아지고 배가 서서히 떠오른다. 사람도 바다처럼 여러 모양으로 살아간다. 사는 게 힘들다 느껴질 때 탁 트인 바다와 그 바다를 누비는 해녀를 보며 지친 삶에 활력을 찾게 될 것이다.

　해가 바다로 숨는다. 바다는 진달래꽃을 뿌려 놓은 듯 점점 붉어진다. 지는 해를 뒤따라 달이 다가온다. 해와 달이 사는 곳은 바다였나 보다. 문동 등대에 붉은 등이 켜지고, 문중 등대는 녹색 등이 반짝거린다. 가느다란 불빛이 검은 바다에 녹색 다리와 붉은 다리를 만든다. 해녀들이 기다렸다는 듯 방파제로 모여든다. 빙 둘러앉아 추억을 풀어헤친다.

마을 주민에게 받은 쪽파와 마늘

　"전에는 산호랑 물풀이 많아서 바다색이 고왔어."

　"눈앞에 물고기 떼가 왔다 갔다 해서 피해 다녔지."

　문동 해녀는 동화책에 나올 법한 이야기로 낚시꾼 귀를 쫑긋하게 한다.

밤이 깊어질수록 자동차가 한 대 두 대 보인다. 귀가 얼얼하도록 음악을 틀어 놓은 캠핑카, 천장을 열고 쌩쌩 달리는 자동차에 눈이 저절로 간다.

낚시꾼이 얼굴을 찌푸리며 묻는다.

"밤중에 떠들면 안 시끄러워요?"

"시끄럽지. 자다가 놀라서 벌떡 깨고 나면 잠이 안 와서 식겁한다. 당장 뛰쳐나가고 싶어도 우리 딸이 아파트에 갇혀 살다가 얼마나 좋으면 저러겠냐며 그냥 두라 해서 암말 안 했다. 내 자식이라 여기면 괜찮다."

임 회장은 딸이 당부한 말을 들려주며 웃는다. 낚시꾼은 슬그머니 자동차 시동을 끄고 바다를 향해 낚싯대를 던진다.

7일 동안 밤낮으로 문동 포구에 갔다. 그곳에서 자연과 사람을 돌보며 바다를 지키는 해녀를 만났다. 집으로 돌아오는 길에 이름 모를 백발 여인이 쪽파와 마늘을 내밀었다.

"보고 싶을 거예요."

낯선 바닷길에서 사랑이라는 끈을 엮어 감사를 배우고 힘까지 얻었다. 문동 해녀는 육지와 바다, 사람을 움직이는 마법사다.

박정애

기장출생.
1993년 국제신문 신춘문예에 시가 당선되고,
1997년 경향신문 신춘문예에 시조가 당선되어 문단활동을 했다.
부산환경운동연합 공동의장을 지냈고,
지금은 고향인 기장문학인협회 회장을,
그리고 부산 갈맷길 〈걷고 싶은 부산〉에서 길을 신고 걸으며 길 친구들과 잘 놀고 있다.
시집 『박자를 놓치다』 외 7권이 있다.

물때와 바람을 읽는
검은 물고기

박정애

지구촌에서 유일하게 우리나라와 일본에만 있는 해녀의 첫 발생지는 제주도이다. 해녀에 대한 전문적인 연구서가 아니므로 각주는 필요 없겠지만 『제주 해녀와 일본의 아마 해녀』(좌혜경 외 2명, 민속원, 2006) 중 「제주 해녀의 역사적 고찰 - 박찬식」에서는 해녀의 시작을 제주라고 기록하고 있다. '제주 해녀들의 출가는 1887년 경남 부산의 목도(牧島)로 간 것이 시초였다. 이후 일제강점기로 들어오면서 한반도 남부뿐만 아니라 북부지역, 일본, 따렌, 칭다오, 블라디보스토크까지 넓어져 갔다'라고 전한다. 1910년 2,500여 명이던 출가해녀가 30년대는 4,000여 명에 달했다고 하니 기장의 해녀도 이 무렵인 것으로 추정되고 있다. 기장향토문화연구소 황구 소장의 자료에 의하면 '해녀에 대한 기록은 이건(李健)의 『제주풍토기』(1629)에서 최초로 확인되는데, 그는 약 7년 동안 제주도에 귀양살이하는 동안 제주도 사람들의 생활사를 기록하였다. 여기에서 처음 해녀가 등장하는데 해녀를 잠녀(潛女)라 기록하였다. 그리고 『조선왕조실록』의

1702년(숙종28) 7월 12일에 제주 수신이 장계를 올려 속환과 진상하는 대가를 청하는 기록에 '잠녀'라는 기록이 있고, 1714년(숙종40) 8월 3일 자 기록에도 '해녀'라는 기록이 확인된다. 기장의 해녀 관련 기록은 순조 원년에 기장으로 유배 온 심노숭(沈魯崇)의 『남천일록』(1801년) 9월 1일 자에 기장읍 연화리 죽도 인근에 바위가 많아 바다에서 전복을 채취하는 해부와 해녀의 이야기가 나온다'고 했다. 그러나 이것은 어디까지나 기록일 뿐, 이미 오래전부터 어부와 해녀들은 있었을 것이다.

해녀들이 하는 어로작업은 신석기 시대에 인류가 식량을 얻기 위해 내륙산간에서는 사냥을 행하였을 것이고 해안가에는 고기잡이를 통해 식량을 마련했을 것이다. 원시 자맥질로 고기를 잡고 동물을 사냥하여 먹고 살았을 것이다.

삼면이 바다인 한반도 남동해의 부산 해안선 길이는 306.2㎞. 여기에 기장군은 동해에 해당이 되고 아홉 포구가 있으며 길이는 1백 리다. 기장군 기장읍의 공수, 동암, 서암, 신암, 대변, 월전, 두호 어촌계를 비롯하여 이천 해녀복지관(지상 3층), 동암 해녀복지관(지상 3층), 두호 해녀복지관(지상 2층), 칠암 해녀복지관(지상 1층), 문동 해녀복지관(지상 3층), 동백 해녀복지관(지상 3층), 이동 해녀복지관(지상 3층)이 있다.

기장군(君) 행정상에 등록된 관내 각 어촌계 해녀는 공수(71명), 동암(51명), 서암(22명), 신암(37명), 대변(38명), 월전(28명), 두호(25명), 학리(47명), 이천리(51명), 이동리(37명), 동백리(56명), 신평리(18명), 칠암(15명), 문중(43명), 문동(40명), 임랑(2명), 월내(11명), 길천(1명) 합계 593명이었다. 하지만 이것은 1995년 기장군이 부산시에 편입되면서 일괄 신고 접수된 나잠업 종사자 숫자이다.

기장군 연화리 해녀 ©기장군보 황현일 국장 제공 ▶

이때만 해도 해녀는 600명에 가까웠지만 해녀들의 고령화와 질병이나 사고사로 인해 점차 감소하고 있는 추세다. 동부산나잠협회 회장 임덕이 씨의 말에 따르면, 현재 기장 바다를 어장으로 하여 해산물을 채취하는 해녀는 570여 명이다. 올해만 해도 기장에서 (연화리 출신) 해녀시인으로 사랑을 받아오던 박말애 씨가 안타깝게도 사고사로 목숨을 잃었다.

우리나라에서 제주 해녀 허영선 시인과 기장의 해녀 박말애 시인은 해녀들 중에서도 유일하게 해녀시인으로 전국에서 주목받고 있었다. 박말애 시인은 〈기장문학〉 회원이기도 하지만 부산문인협회 회원이다. 그는 『해녀가 부르는 바다의 노래』 수필집을 냈고, 부산문인협회가 주관하는 해양문학상 본심 최종에까지 올랐던 시인이다.

해녀는 전문직 단독 자영업자

자신의 목숨을 담보한 독자적이면서 이중적 구조 공동체의 일원으로 바다는 그들의 직장이자 사업장이다. 우리가 아는 바다는 신비롭고 해독 불가능한 비밀의 신세계지만 물가에 신발을 벗고 헤엄을 쳐서 들어가고 헤엄을 쳐서 나오는 맨발의 해녀 현역들에게는 목숨을 건 작업장이다. 정신적으로나 물질적 생산자원인 그들의 바다는 보물창고이다.

거센 바람도 거친 물결도 때가 되면 잠잠해지는 것처럼 표면적 평온함에도 마을마다 '바당(바다)'이 있고 어장에는 경계가 있다. 갯가에서 생을 살아내자면 물질은 지극히 자연스러운 일. 바닷가에서 태어나 어릴 때부터 자연스레 물놀이로 몸에 익힌 오랜 경험이 자산이자 전문직이 된 기술인들이다. 대체로 할머니와 어머니로 이어지는 세습 해녀들은 어려서부터 바다에 관한 지식은 가업으로 내려받은 직업인들이다.

현재 기장의 해녀는 제주를 비롯한 여러 지역에서 이주해 온 여성들로 기장에 살면서 나잠업을 생계 수단으로 하는 사람도 있지만 해녀회장 임덕이 씨는 윗대부터 내려 온 세습 해녀는 아니지만 기장 바닷가에서 태어나 칠십 평생 기장에서만 살아온 토박이 본동 해녀다. 물질 말고는 배운 게 없다고 하지만 바다에 관한 한 전문학자이고 최고 지식인이다. 그의 강렬하면서도 부드러운 카리스마는 깊고 넓은 바다를 연상케 한다. 지금껏 드센 바다를 안고 살았으니 개성이 강할 수밖에 없겠다.

해녀들의 물질 작업은 목숨을 걸고 혼자서 하는 작업이지만 그럼에도 공동체적이다. 모두가 정해진 규약을 지키고 어떤 단체보다 끈끈한 의리와 돈독한 관계망을 이루고 있다. 기장 해녀는 부산 전역에 있는 900여 명의 해녀와 제주를 비롯한 전국의 해녀들끼리는 깊은 교류관계망을 이루고 있어 단체로 지역을 왕래하기도 하고 심지어 일본의 아마들까지도 교류한다.

정부는 제주 해녀를 보호하기 위해 꾸준히 노력하여 2007년부터 제주 해녀문화의 유네스코 등재를 추진해왔고, 2016년에 비로소 성과를 이루게 되어 해녀문화는 우리나라의 19번째 인류무형문화유산이 되었다.

수중 발레리나의 흿개소리

해녀들은 자신들의 직업을 '저승에서 벌어 이승에 쓴다' 고 한다. 이 말

기장군 연화리 해녀 ⓒ기장군보 황현일 국장 제공

은 '저승의 것들을 가져와 이승을 먹인다'로 들린다. 어느 쪽에 방점을 찍
건 이해가 간다. 저승과 이승의 경계를 넘나드는 만큼의 목숨을 건 위험하
고 힘든 작업이다.

해녀들은 잠수병으로 알려진 귀에 이명과 두통에 시달리면서도 벗어
던질 수 없는 게 물질이다. 해녀의 나잠업은 기계장비에 의존하는 스쿠버
들과 완전히 다르다. 해녀들은 오로지 자신의 호흡에만 의존한 자맥질로
전복, 소라, 문어, 해삼, 성게(앙장구), 우뭇가사리, 톳, 감태 등 다양한 해산

물을 채취하는 것이다.

해녀의 호흡법에서, 바다 물밑에서 참고 참아낸 숨이 끊어지기 직전에 발로 바닥을 걸어차듯 수면위로 올라와 내쉬는 숨을 '숨비소리'라 한다. 어쩌면 마치 마지막 숨이 넘어서는 순간의 숨일 것이다.

물 밖으로 솟구쳐 올라 테왁을 껴안고 숨(息)을 몰아쉰다. 이때 '호오잇, 호오잇'하는 숨비소리(聲)로 숨을 고르는데 이때 탄산가스를 내뿜고 산소를 들이켜는 순간이다. 이런 숨비소리를 기장에서는 '홋개소리'라 한다. 그러나 이러한 소리는 처음부터 나오는 것이 아니다. 물에서 나오자 '아핫'하고 그동안 참고 참았던 숨을 모진 진저리처럼 토하고서야 다음으로 내는 '호오잇'하고 휘파람 소리를 내는 것이다.

해녀들은 수압을 견디며 최고 3분 정도 숨을 참는데 물속에서는 '가슴숨'을 쉰다고 한다. 입으로 숨을 쉬면 물을 먹게 되지만 물에 들어가면 열다섯 번 이상은 가슴으로 숨을 쉰다는 것. 이게 가능한 일인가. 참고 또 참는 숨의 횟수는 아닌지. 일테면 물 밖에서 열다섯 번을 쉬었을 숨을 그렇게 견뎌낸 건 아닐까.

아무리 어른 손바닥만 한 전복이라도 숨이 달리면 유혹을 물리치고 욕심을 버려야 한다. 물숨을 먹으면 목숨을 놓는다. 보통은 수심 6-10m에서 베테랑급은 17m 이상까지 물질이 가능하다. 급수는 폐활량인 숨으로 결정된다.

마라토너 황영조 선수의 폐활량은 국내에서 누구도 못 따라갈 만큼 대단하다는데 황영조 선수 어머니도 해녀이다. 해녀 어머니로부터 물려받은 훌륭한 DNA가 훌륭한 선수를 만들었을 것이다.

그러나 해녀들이 폐활량만으론 작업할 수 없는 위험은 곳곳에 있다. 초

여름부터 시작되는 천초(우뭇가사리) 채취를 하다 미역양식장 밧줄에 발이 걸리면 큰일이다. 배가 작업장을 지나면 충돌사고가 나기도 한다. 부력도 구인 주황색 테왁이 떠 있는 곳은 해녀가 작업하는 곳이란 걸 알리고 배를 모는 선박 어부는 이런 표시를 보고 해녀가 있다는 걸 알게 된다.

잠수 조업은 혼자서 하지 않고 두 사람 이상 함께 조업을 하면서 서로의 안전을 확인하면서 한다. 바람이 많이 불거나 안개가 많이 낀 날, 파도가 높게 이는 날은 금하고, 물에 들어갈 때는 식사 한두 시간 후로 몸의 컨

디션이 정상적인 상태라야 한다.

  지금처럼 부력이 좋은 스티로폼이 나오기 전까지는 박을 사용했다고 하니 요즘처럼 어선이 많지 않았을 것이다. 스티로폼이 나오기 전, 박을 가지고 만든 '콕 테왁'은 익은 박을 삶아 속을 파내고 말려서 물이 들어가지 않게 구멍을 막아서 사용했다.

  해녀의 장비로는 물안경, 납덩이, 빗창, 호미, 망사리, 까꾸리, 족쉐눈, 쉐눈 태왁이 전부이다. '테왁망사리'는 '테왁'과 '망사리'를 합친 것으로 동그란 모양에 그물이 연결된 것으로 채취한 해산물을 담는 물질 도구이다. 그리고 미역이나 다른 해조류를 담는 망사리와 전복, 소라 성게 등을 담는 망사

기장군 연화리 해녀 ⓒ기장군보 황현일 국장 제공

리는 그물 크기가 다르다.

  몸을 꽉 조이는 검은 고무 옷을 입고 허리에는 자기 몸무게 사분의 일에 해당하는 납을 차고 바다로 들어갔다가 물 밖으로 올라왔다가 다시 잠수하여 목표물이 있던 그 자리로 찾아가기를 반복하는데 이때 쓰는 물건이 '본조갱이'라는 물건이다. 해녀들은 욕심을 내지 않는다. 무리한 욕심은 목숨과 연결된다. 한 번으로 끝낼 수 없는 목표물은 두세 번씩 도전하는데 '본조갱이'란 반짝거리는 조개껍데기를 놓아두고 올라와서 다시 들

어갈 때 그 빛을 보고 찾아간다.

빗창을 든 해녀가 물속에서 물거리를 찾는 데만 온 정신을 집중하다가 숨이 달리면 바닥을 걷어차는 듯 물 밖으로 올라온다. 아무리 큰 전복을 발견했어도 어쩔 수 없이 끝내야 한다. 이때 다시 찾기 쉽게 표식으로 놓아두는 것이다. 이 표식이 보이면 같은 작업장에 일하는 다른 해녀라도 자기 것이 아닌 것에는 절대 손대지 않는다.

빗창의 '빗'은 전복의 또 다른 우리말로 암컷은 '암핏', 수컷은 '숫핏', 중성을 '마드레'라고 한다. 빗창은 전복을 따는 길쭉하고 납작한 창(槍)이다. 해녀들이 물속으로 들어갈 때 빗창을 손목에 두어 번 휘휘 감은 다음에 손에 쥔다. 물속에서 떨어뜨리면 곤란을 겪는다. 전복을 딸 때 빗창을 단숨에 찔러 넣어야 하는데 제대로 못 하면 빗창을 물고 놔주지 않기 때문에 다 잡은 전복보다 빗창을 잡고 씨름하다가 자칫 물숨을 놓치면 목숨을 놓친다.

해녀들의 사고는 이럴 때 일어난다.

물안경은 1940년대부터 등장했다. 수심이 깊을수록 바다 밑은 어둡고 시야가 침침하다. 물안경이 없던 시절에는 잠수한 해녀가 맨손으로 바윗돌을 어루만지듯 손바닥으로 쓸듯이 더듬어 가며 전복을 찾았다. 암컷은 빛살이 드는 바윗돌 위에 있고 수컷은 바위 그늘에 있었다 한다.

언제나 위험한 바다지만 날씨가 좋으면 해녀들은 가슴이 설렌다고 한다. 오늘은 어떤 걸 잡을지 기대하며 집을 나선다. 바다는 날마다 같지 않다. 시시때때로 물낯을 바꾼다. 특히 동풍이 센 동해안 여름 바다의 날씨는 변덕이 심하다. 그런 만큼 잡히는 물거리도 다양하다.

1970년대부터 검은색 고무로 된 잠수복을 입고 물질을 했다. 이 옷이

가진 부력 때문에 '연철'이라는 무게 추 역할을 하는 도구를 허리에 둘러 맸다. 이때부터 장시간 작업이 가능해지면서 능률도 올랐다. 옛날에는 흰 무명천을 손바느질로 지은 물옷을 입었다.

물적삼과 물소중이를 입고 머리에는 물수건을 썼다. 물소중이는 옆이 트여있어서 품을 조절할 수 있었고 물적삼은 소매가 좁아 물의 저항을 덜 받았지만 겨드랑이가 들려 독이 있는 벌레나 바다뱀에게 물리기도 한다는 것이다. 이럴 때 숨을 놓치거나 급사를 하는 수도 있다고 한다.

물옷은 70년대 초반에 흰 무명에서 검은 고무 잠수복으로 바뀌었다가 현재는 눈에 잘 띄기 위해 주황색 고무 옷이 나왔다고 한다(현재 제주도에서만 사용). 그러나 이로 인한 잠수병 같은 부작용도 크게 늘었다. 잠시도 쉬지 않는 부지런함에 방에 누우면 안 아픈 곳이 없는 환자라도 바다에만 나가면 누구나 수중 발레리나가 된다. 물질 동작만은 검은 물고기처럼 자유롭다. 순전히 물의 힘이다.

잠수 수중 작업에서 오는 해녀의 직업병

해녀는 아이 낳고 한칠(일주일) 안에 바다에 나간다고 한다. 바닷속 높은 수압으로 호흡을 통해 몸속으로 들어간 질소 기체가 체외로 빠져나가지 못하고 혈액 속에 녹아 있는데, 이때 수면 위로 빠르게 올라오면 체내 질소 기체가 갑작스럽게 기포를 만들고 이것이 몸속 혈액을 타고 돌아다니게 되어 온몸 여기저기 안 아픈 데가 없다는 것이다. 높은 수압 환경에서 적절한 감압이 이루어지지 않아 혈액 속 질소가 기포화되면서 발생하는 해녀들의 직업병이 잠수병이다.

체내에 이런 기포가 생기면 관절통을 유발하고 혈액 공급을 차단하여 마비 증상이 나타나며, 치명적인 심폐 감압병으로 이어진다. 감압병은 고령자나 비만인 사람들에게 잘 나타나고 수중 스쿠버들의 과도한 운동에도 생긴다.

해녀의 직업병을 잠수병, 해녀병이라 한다. 잠수로 인한 각종 질환 중에서도 만성 두통은 몸에 달고 살기 때문에 진통진정제 등의 약물을 상습 장복한다. 잠수를 전후해 '뇌선' 등의 진통제를 남용하고 있는 것으로 알려진다.

해녀들은 수중 작업으로 해물을 채취할 때 전 폐기량 용량까지 흡식한 후 호흡정지 상태로 수중 17m 이상까지 내려가 약 1분간 수중작업을 하고 다시 수면 위로 올라오기를 온종일 반복한다. 이런 작업을 반복적으로 하는 해녀들은 두통, 관절통, 경련 등의 만성질환을 앓는다. 동부산나잠협회 회장 임덕이 씨는 "지금은 정관신도시에 들어선 일신기독병원에 최첨단 장비가 들어와서 치료가 수월하게 되었다"고 했다.

기장 해녀의 삶

해녀는 부산을 비롯한 한반도 연안 곳곳에 있다. 대부분 제주도 출신이다. 일제 강점기에는 일본의 해녀 아마보다 생산력이 높은 제주 해녀를 고용했는데, 그들은 일본 관동지방, 시코쿠 지방, 가고시마, 중국의 칭다오, 다롄, 러시아 사할린, 블라디보스토크까지 진출했던 전문직업인이었다.

당시 가격이 비쌌던 해조류 우뭇가사리는 식재료이기도 했지만, 비단 광택을 내는 데 쓰이는 원료로도 사용되었다고 한다. 특히나 기장은 우뭇가사리뿐만 아니라 각종 해산물이 풍부했다. 지금도 기장미역, 기장멸치, 기장갈치 등 모든 해산물의 이름 앞에는 '기장'이란 지역 대명사가 붙는다.

기장의 해녀들은 도심 가까이에서 작업을 하고 해녀촌 식당을 경영하고 시장 상거래까지 한다. 반농반어인 지역 특성에 맞게 바다에 몸을 담그지 않는 날에는 밭일을 한다. 이렇게 육지건 바다건, 어디서건 한시라도 손에서 일거리를 놓지 않는 강인하고 억척스러운 대상군들이다.

어느 지역이나 해녀의 고령화로 인해 그 숫자는 계속해서 줄고 있다. 기장군에서는 해녀문화체험 프로그램은 개설했지만, 제주의 해녀학교처럼 젊은 해녀를 배출하는 효과는 내지 못했다.

세계에서 유일하게 해녀문화가 있는 나라는 한국과 가깝고도 먼 이웃나라 일본이다. 한국에서 열리는 해녀축제에 일본 아마들이 초청되고 일본 해녀 마쯔리(축제)에 한국 해녀들이 초청되기도 한다. 여기서 일본 학자들도 일본 해녀보다 한국 해녀들의 기량이 뛰어난 것을 인정했고, 일본 아마들도 한국 해녀들의 물질에 연신 놀라워했다는 것이다.

임덕이 씨가 본 일본 아마들은 우리나라 70년대 수준이라고 했다. 그럼에도 몇 년 전부터 도시재생프로그램의 하나로 해녀 양성을 국책사업으로 하여 젊은 해녀를 배출하고 있다며, 기장에서도 이런 사업을 한다면 기꺼이 자신의 바당(바다)을 내 줄 용의가 있다고 했다. 단 외부 학자가 하는 사업이 아닌 기장 어촌계에서 하는 실전 교육이 바람직하다고 했다.

기장 대변 연화리 일대는 임진왜란 이전부터 조선 수군(해군)기지였다.

대변(大邊)이란 '큰 물가'를 뜻하는 말로 이곳 바다는 조수간만의 차이가 적어 사계절이 내내 평온한 바다이다.

최근 해양콘텐츠 개발로 국내외 관광객 유치를 위해 해양레포츠 테마파크 사업이 추진되고 있다. 주민들은 반대하는 입장이다. 평생을 바다에 기대 살아온 주민들로선 생업 현장인 바다를 내어준다는 것은 수용하기 힘든 일이다. 더구나 바다를 매립한다는 것 자체를 수용할 수 없다는 것이다. 우선 어업권에 상당한 지장을 초래할 것을 염려하고 또 생존권 자체를 위협받는 일로 알고 있다.

2
바다와 사람

나여경

———

〈경인일보〉 신춘문예로 등단했다.
저서로 소설집 『불온한 식탁』, 『포옹』과
산문집 『기차가 걸린 풍경』이 있다.
〈작가와사회〉 편집장, 편집위원,
부산작가회의, 부산소설가협회 이사를 역임했다.
현재는 부산소설가협회 부회장과
(사)요산기념사업회 사무국장을 맡고 있다.

버얼겋게 핀
바닷속 꽃을 알랑가?

나여경

부산 신항만 부두, 거가대교, 신공항 예정지 등으로 회자되면서 부산지역 발전의 핵심지로 부상하고 있는 가덕도를 찾아가는 길. 가덕터널 통과 직후에 우측으로 빠져 대항마을로 접어들자 고즈넉하고 아름다운 풍경이 펼쳐졌다.

키 작은 등대를 안은 바닷가 앞쪽에 특이한 이름의 식당이 보였다. 해녀, 낚싯배 선장, 머구리(산소통을 메고 들어가 작업한 전력이 있어 머구리라는 표현을 사용했지만, 우리가 통상적으로 알고 있는 머구리와는 차이가 있다), 의용소방대장 등 다양한 삶의 이력을 지닌 구문자(62세) 씨가 운영하는 식당이다.

대항마을 해녀 – 버얼겋게 핀 바닷속 꽃을 알랑가?

"가덕도가 정말 황금어장이었어요."

취재 중 가장 많이 들었던 말이었다.

"전어, 숭어, 대구… 이곳에서 안 나는 고기가 없었어요. 대구는 그냥 짊어지고 못 갈 정도로 컸어요. 70만 원에서 80만 원씩 했으니까요. 옛날에는 아부지가 고기 잡으러 가면 만선 했다고 깃발을 달고 왔거든요. 하구언 들어서기 전만 해도 괜찮았어요. 물을 가다삐는(가두는) 바람에 이렇게됐어요. 문 열었다는데 한 3년 가야 옳은 생태가 될랑가. 낚싯배를 30년했는데 올해같이 이렇게 고기 안 될 때가 없었어요. 감시(감성돔) 철만 되면낚시꾼들이 바글바글했는데 지금은 없어요. 병어돔하고 돌돔이 얼마나많았는데… 이젠 보기 힘들어요."

사람을 많이 대하는 직업 탓인지 사투리가 적은 말씨였다. 가덕도가 물좋다는 소문이 퍼지고 낚시꾼들이 넘쳐날 때 개인 배를 운영했던 구문자씨는 지금도 유일한 여 선장으로 통하기도 한다.

그녀의 아버지는 천성마을 사람인데 열아홉 살에 동갑내기인 어머니의 마을 외항포로 장가가면서 이곳에 정착해 살게 되었다.

어머니가 물질을 해서 6남매 키우는 걸 보면서 자랐다. 아버지가 군대에서 동상에 걸려 33년간 병중에 있었기 때문에 어머니가 물질을 해서 살아갈 수밖에 없었다. 그녀 역시 자신의 어머니를 보면서 열아홉 살부터 물질을 하게 되었다.

"그때는 해녀복도 없어 입던 옷 입고 들어갔는데 뒤웅박(테왁)이 가만히안 있고 푸욱 내려갔다 올라갔다 하니까, 높은 밭에서 아버지가 그걸 보시고, 어머니한테 우리 자야 물건 억수로 많이 했다, 혼자 못 올린다. 가봐라하셨대요."

구문자 씨가 처음 물질을 할 때는 해녀복도 없어 일상복을 입고 아버지가 다래나무로 테두리를 해서 만들어 준 뒤웅박(테왁)을 가지고 작업했다고 한다. 하지만 누구보다 많은 수확량을 자랑했단다.

"그 당시는 담치가 엄청 많았어요. 밤새도록 까서 숯불에 구워 대나무에 끼워서 꼬지를 만들어 자갈치에 가서 팔았어요. 그때는 군소도 흔했고… 지금은 군소도 담치도 없어요. 15년 정도 전만 해도 엄청 많았어요. 밟히는 게 쥐치, 갑오징어였어요. 해삼도 바글바글했고, 그렇게 어종도 풍부했는데… 멍게도 버얼거니 꽃밭같이 펼쳐져 있었어요. 감성돔도 우리 따고 있으면 지도 쪼아 먹을 끼라고 옆에서 살랑거리고 있고…."

구문자 씨의 거침없는 말끝마다 숨기지 못한 아쉬움이 묻어나왔다.

"공기통 메고 일할 때 저 앞에 형제섬, 외섬이 있는데 저 섬에 안 가보면 안 된다 싶어 새 공기통 신고 기름 아홉 말 싣고 갔어요. 근데 멍게 여섯 마리 땄어요. 오면서 아 가덕도가 황금어장이구나 생각했지요. 그 담엔 거기 쳐다보고 오줌도 안 눠요."

그녀의 가릴 것 없이 내뱉는 입담에 높아진 웃음이 한동안 식당 안을 맴돌았다.

"한번은 작업을 들어갔는데 해삼 밭이야. 포개지고 포개지고 포개지고 했는데 그 안에 남자 다리가 걸려있었어. 해삼을 바다의 산삼이라고 하지만 사실은 사람이 죽고 나면 젤 먼저 가서 뜯어먹어요. 그 담에 갈치. 다리를 다 먹고 없는데도 진을 빨아먹고 있더라고. 그다음부터 해삼 안 먹어요."

고개를 내저으며 그날의 풍경을 전하던 구문자 씨가 내친김에 알려준다는 듯이 해삼 올바르게 먹는 비법을 전해주었다.

해삼은 바로 먹으면 안 된다고 한다. 해삼 겉면의 미끌미끌 한 게 독이

물질 도구를 손질하고 있는 구문자 해녀

란다. 해삼을 사면 다듬어 달라고 해서 맹물에 한두 시간 담가둬야 한다. 그러고 나면 검정 독물이 나온다. 그 독물을 빼고 난 후 뽀득뽀득 씻어 먹으란다. 그럼 꼬들꼬들한 식감을 느낄 수 있단다. 해삼을 사서 집으로 가져갈 때도 다듬어 달라고 한 후 수돗물에 담가서 가져가야 한단다.

"그래가 바락바락 주물러서 썰어놔 보이소. 꼬들꼬들 쫄깃쫄깃하니 얼마나 맛있다고!"

군침을 유발하던 구문자 씨의 입담이 작업 이야기로 다시 이어졌다. 지금은 불법이지만 구문자 씨가 처음 공기통을 멜 때는 바다가 내 세상처럼 느껴졌다고 한다.

"달밤에 들어가면 바다도 보름 달밤이에요. 공기통을 메고 소롯이 들어가니 동백꽃이 피어있는 거예요. 피꼬막이었어요. 피꼬막 입이 빨갛잖아요. 동백꽃 핀 것처럼 빠알갛게…. 너무 좋은 거예요! 잡지를 못 하고 보고만 있었어요. 그때 도다린강 뭔가가 지나가는데 시거리(물고기 몸에서 자체적으로 나오는 빛이라고 한다)를 사악 내놓고 가더라고요. 거기 내가 뽕 가버린 거예요. 낮에 작업을 했으면 모르는데 밤에 작업을 하니까 어쩔 줄을 모르겠더라고요. 뻘밭이니까 건드리면 구정물이 되잖아요. 혼자서 그걸 한참 보고 있었어요. 구정물이 안 일어나니 배에서 신호가 오더라고요. 작업을 하긴 해야 되는데 아까워서 못 하겠는기라요. 할 수 없이 한 손으로 앙카(닻) 박고 착착착착 긁어 넣었어요. 공기통 아홉 개 들고 가서 9시간 작업했어요. 우리 집 양반이 물에만 들어가면 올라올 생각을 안 한다고 그래요."

내색 없이 바닷속에서 사부작사부작 일하는 구문자 씨 때문에 배 위에서 기다리는 그녀의 남편은 매번 걱정으로 미쳐버릴 지경이었단다.

"엉성시러바서 지금도 남편이 조개를 안 먹어요. 사부작사부작 일하면서 제주에서 온 질라이(프로)들보다 더 많이 작업을 하니 다들 내 따라 못 오겠다고 했어요. 난 기술을 배운 게 아니라 몸으로 터득해서 익힌 거예요."

맨몸으로 작업하다 공기통을 메니 천국이 따로 없었다. 해녀가 공기통 메는 일이 불법이 되기 전까지 그렇게 8년 세월을 보냈다.

"들어가면 천국이에요. 갯바위에 벌거이… 멍게 입이 팔각형인데 삭 건드려놓고 따야 돼요. 바로 따면 탁 터져버려요. 건드리면서 그러죠. 아 이쁘네, 어따 굵다, 내 가심보다 더 크네."

식당을 운영하면서 때가 맞으면 언제고 물질을 했던 구문자 씨는 현재 허리 수술을 하는 바람에 물에 들어가지 못한다고 했다.

"한창 활동할 때는 제주도 해녀까지 해서 근 마흔 명쯤 됐어요. 지금은 사계절 작업하는 사람이 대여섯 명밖에 안 돼요. 다리 아프고 허리 아프고 잠수병 때문에 다들 집에 있지요. 허리가 제일 먼저 가요. 허리에 15킬로에서 20킬로 되는 납덩어리를 달고 들어가니 안 아플 수가 없어요. 발목에는 발목대로 메요. 자갈 마당에 발이 쑥쑥 들어가니 무르팍도 가고."

그녀의 잠수병 이야기는 2010년 발굴 조사가 이루어진 가덕도 장항 유적과도 연결된다. 장항 유적은 신석기시대 무덤 유적인데 몇 구의 인골에서 특이한 점이 발견되었다. 그것은 귓속에 뼈가 튀어나온 외이도 골종 증상으로 이런 현상은 장시간 잠수로 인한 영향 때문이라고 한다. 오늘날 해녀에게서도 발견되는 현상이다. 아주 오랜 옛날 신석기시대부터 물질을 하며 생활을 영위했던 바닷가 마을 사람들의 모습이 현재에도 여전히 이어지고 있다고 생각하니 기분이 묘했다.

"바다에서 일하다 보면 별별 일이 다 생겨요. 어느 날 물밑에서 작업하고 있는데 세 살쯤 돼 보이는 머슴아가 죽어 있는 거예요. 어찌 그리 이쁜지, 달덩이 같은 얼굴에 미소까지 짓고 있었어요. 어마, 니가 웬일로 내 눈에 띄었냐, 하면서 데려왔어요. 그 애를 묻으면서 다시 태어나고 싶으면 내 몸에 와라 했는데 신기하게 막내가 생겼어요."

바다에서 맺은 인연으로 아들까지 얻었다고 믿는 그녀는 천생 바다의 여인이었다.

"모두들 야야 인자는 잡을 게 없어 못 하것다 해요. 몸이

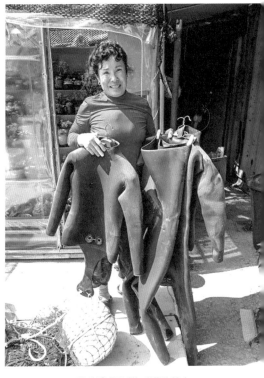

해녀복을 들고 있는 구문자 해녀

아파도 물건이 있으면 들어가지만 여덟 시간 작업해도 한 바께스 잡을까 말까 해요. 그러니께내 들어가면 욕심껏 잡아 오지 못하이 아쉽지. 어렸을 때부터 저 골짜기 가면 뭐가 있고 뭐가 있고 다 아는데 아쉽지. 바다 밑이 풍부하지 못하니 다들 육지에서 뭘 하려고 해요. 몸만 움직이면 내 돈이 되는 바다가 있는데 지금은 여건이 안 되니…. 주울 게 없고 해녀가 나이 들어 안 하고 물량이 풍부하지 않으니 젊은 사람들도 하지 않고…."

"제일 보람 있었던 건 소방의용대장을 했을 때였어요. 소방서 퇴직할

때 본청에서 소방청장님이 내려오셔서서 표창장을 주셨는데 정말 뿌듯했어요. 익사사고가 나면 제일 먼저 내가 달려갑니다. 누구보다 바다 사정을 훤히 아니까요. 하구언 막기 전에는 익사사고가 나면 여기로 제일 많이 밀려왔어요."

식당 구석 장식장에 소방의용대장 정복을 입은 그녀의 사진 액자와 여러 개의 감사패가 놓여 있었다.

낚싯배 선장으로, 머구리로, 소방의용대장으로 오랜 세월 바다의 품 안에서 옷을 바꿔 입으며 생활을 영위했던 해녀의 아쉬운 한숨이 무심하게 철썩이는 바다 위로 퍼져나갔다.

"가덕도 벚굴이 진짜 벚굴이에요. 태풍 왔다 가고 해초 떨어지고 나면 보여요. 예전 같지는 않지만 그때 되면 담치도 따고 벚굴도 따요. 식당 안 했으면 365일 물에 들어가 있을 텐데. 허리 회복만 되면 들어가야지요. 나만 아는 자리가 있거든요. 그래서 다 찌그러진 냉사리(수확물을 담는 바구니)도 안 버리고 가지고 있어요. 편하게 살고 싶은 마음도 있지만 그래도 아들 셋 키워준 바다 품을 아직 떠날 수가 없어요."

평생 바다의 연인으로 살아갈 해녀가 무심한 듯 일렁이는 바다를 뒤로 하고 앉아 연서를 읊조리듯 말했다.

천성마을 - 오늘이 아홉물이라요!

눌차와 대항 마을 사이에 위치하고 있는 천성마을로 접어들자 바닷가 주변이 온통 공사 현장이었다. 나지막한 상가와 집들은 집 지키는 강아지

처럼 낮게 엎드려 바다를 바라보며 횡대로 늘어서 있었다.

소개받은 백호상회는 아무리 찾아도 보이지 않고 보이는 대로 작은 구멍가게에 앉아 계신 어르신께 통장 집을 물어 찾아갔는데 대문, 현관문, 방문이 모두 열려 있었다. 열린 문을 향해 주인을 아무리 불러도 대답이 없었다.

다시 상가로 나와 사정을 이야기하니 작업하러 나갔을 것이란다. '저렇게 문을 활짝 열어놓고 작업하러 나간단 말이에요?' 묻고 싶은 속내를 감추고 마을회관을 찾아 발길을 옮겼다. 마을회관에는 할머니들이 십여 분 앉아 계셨는데 혹시 해녀가 계시냐는 질문에 한 분이 손을 번쩍 들고 나머지 분들 모두 그분을 가리켰다.

"열일곱에 물질 시작했는데 지금은 안 해요. 다리도 아프고 허리도 아프고… 억수로 무거워요. 냉사리 서너 개 달고 들어가서 종류별로 담아야 되니까, 두름박 하나에 쪼리개 몇 개 달고 들어갔지요. 지금은 두름박 안 쓰고 부이 쓰지."

다리를 길게 쭉 뻗고 앉은 김천대(82세) 할머니가 큰 소리로 이야기를 시작하셨다.

"한창 물질 할 때는 제주도에서도 와서 하고… 여기도 한 40명 정도가 물질했어요. 지금까지 하고 있는 사람은 이○옥(79세), 이○연(83세), 통장 마누라, 제주도에서 온 고○임(81세)이 이렇게 네 명이 해요. 대항은 그래 도 많이 하는 편이라. 일곱 명 정도? 대항은 바닥이 넓어요. 한창 일할 땐 우리도 거기 가서 많이 했어요."

천성마을 해녀 이야기는 대항마을 구문자 해녀에게 들은 내용과 대동 소이했다. 대항마을보다 여기는 본토 해녀가 많았다는 것 정도가 다른 내 용이랄까.

집안 문이란 문은 다 열어 놓고 사람 없는 통장 댁 사정이 궁금하여 여 쭤보니

"그 집은 계속하지. 근데 오늘이 아홉물이라 작업이 안 될 낀데…." 하 셨다.

"아홉물이요? 물에 숫자가 있다는 게 재미있네요, 한 물은 며칠이에 요?"

내 질문에 할머니들이 날짜에 따라 물때가 있다고 하시면서, "한물은 9 일, 24일 보름은 일곱물"이라고 큰 소리로 이야기하셨다.

"지금은 잡히는 게 별로 없어요. 해삼 많이 잡고 성게도 많이 잡았지. 잡아가 묵기도 하고, 모아서 물에 담가 놓았다가 용원 가서 팔고, 부산 자

갈치 많이 댕깄어요, 우리."

음료수를 한 잔 마신 김천대 할머니가 지난날 기억을 어제 일처럼 불러내 회관 가운데 자리에 앉히셨다.

"그때 참 재미있었어요. 배 타고 가서 화투도 치고 밥도 해 묵고. 아침 밥 묵고 나면 일찍 나가는 기라, 세 시나 네 시에 들어오지. 돈도 잘 벌고 우리 또래도 많고 재밌었어요. 첨엔 잠수복도 없이 물질했는데 잠수복 나오고 오리발 생기니까 엄청 수월한 기라요."

목청 좋은 김천대 할머니의 끝없는 말씀에 곁에 계신 할머니 한 분이 "니 방송 나가도 되겠네, 말 한번 잘한다, 야"라고 놀리셨다.

"그거 팔아서 자식 다 키우고 했지. 딸 넷, 아들 하나. 팔십까지 했어요. 몸이 안 좋아서 지금은 안 하지만. 할아버지는 농사도 짓고, 배가 생기고부터는 배 타고 다니면서 같이 했어요. 나만 배가 있었어요. 배 가지고 작업하는 사람은 많지 않아요. 통장하고 나하고 둘만 배 가지고 작업했어요."

단숨에 휘몰아쳐 말씀을 이어가던 김천대 할머니의 이야기가 끝나갈 무렵 갑자기 대각선에 앉은 할머니 한 분이 "이런 건 뭐 하려고 물어요?" 하셨다.

그러자 다른 할머니들도 그러게, 하는 표정으로 나를 바라보셨다.

처음 회관에 들어서며 취재 내용을 말씀드렸는데 그새 잊으신 것 같아 다시 이야기하자

"늦소, 늦어! 인자 와서 무신… 몇 년 전에라도 왔씨믄 작업하는 거도 찍어가고… 지금은 바닥이 오염이 돼서 잡을 것도 읍고… 요새는 아예 안 하요."라는 답이 돌아왔다.

해녀 일을 하고 있는 사람이 넷 정도밖에 남지 않았는데 이제 와서 기록으로 남긴다는 게 우습다는 표정의 할머니들을 마주하고 앉은 나는 어찌할 바를 몰라서 죄송하다, 너무 늦게 와서 정말 죄송하다, 그렇지만 이제라도 기록으로 남겨야 하지 않겠느냐, 라는 말밖에 할 수 없었다.

"늦어요, 늦어. 5년 전에만 왔어도… 그때만 해도 우리 다 작업했거든요. 내년 3월이나 또 오소, 사진으로라도 남가야지. 그때는 작업하는 사람들 몇 있을 테니 사진 찍어 가소."

몇 분 남지는 않았지만 그래도 그분들의 작업하는 모습을 남기기 위해 꼭 다시 오겠다는 약속을 하고 자리를 빠져나왔다.

할머니들의 말씀에 백번 고개가 끄덕여졌다. 나 역시 원고 청탁을 받고 참고자료를 찾았지만 가덕도 해녀에 대한 자료는 없었다. 해녀 일을 하고 있는 분이 몇 안 되기 때문에 해녀를 찾는 일도 수월한 일이 아니었다. 제주 해녀의 사정을 알아보기 위해 어촌계 사람을 어렵게 물색해 찾았지만 여행 중이었다. 돌아온다던 날짜에 다시 방문했는데 그는 아직 여행 중이었다. 하필 고기 안 잡히는 아홉물에 작업 나간 통장의 배가 혹시 들어오려나 싶어 천성 앞바다만 하릴없이 바라보다 돌아섰다.

머구리 – 죽도 못 먹고 쑥 뜯어 먹던 시절, 구두 빼 신고 다녔어요!

머구리를 했던 집안이라고 소개받은 외항포의 이성태(66세) 씨 핸드폰은 내내 답이 없었다. 결국 그가 일하고 있다는 곳을 알아내 찾아갔는데 영리한 개 두 마리의 호위를 받으며 밭일을 하고 있었다.

"머구리요? 지금 가덕도에는 머구리 없어요!"

가덕도에는 현재 머구리가 없다는 이성태 씨의 말투가 단호하게 들렸다. 그의 아버지(고 이삼범 씨)는 원래 하동 사람인데 열 몇 살인가부터 외가가 있는 가덕도로 옮겨와 살았다고 한다. 이성태 씨가 어렸을 때는 아버지가 하는 일이 무엇인지 몰랐는데 어느 정도 철이 들고 나서 보니 머구리배를 운영하고 있더란다.

"우리 부친이예, 머구리도 직접 하고 머구리배도 운영하고 그랬쓰예. 어릴 때부터 아부지가 하더라고예. 우리 어머니가 남해 사람이고 아버지가 하동사람인데 열 몇 살에 가덕도로 왔쓰예. 이숙이 머구리(김두선 씨) 배를 했지예. 그 배를 타고 화장(밥하고 물건 올라오면 정리하는 사람)부터 시작해서 머구리를 배왔쓰예."

"화장이요?"

"머구리 배에는 화장 있고예. 그 담에 기관장 있고, 주내끼 있고. 주내끼는 머구리 옷 입히고 위에 올라오면 옷 뱃기고 머구리에 대해서 전체 책임지고 하는 사람이예요. 호수 감고 풀어 주는 일도 하고. 그 담에 사공. 사공은 머구리 가면 따라가면서 노 젓는 사람이고요, 머구리까지 이렇게 다섯 명이 한 조가 돼서 타요. 한 배에 다섯 명이 조를 맞춰 타는 거지예."

그렇게 머구리를 배운 그의 아버지가 목선을 구입해 선주가 되고 머구리 일까지 겸하게 되었다.

"우리 아부지요, 전복 자알 잡았지예. 전복이 돈 되예. 6, 70년도에는 몇 가마에 이빠이 따가 들어오고예. 전복 잡고 멍게 있을 때 멍게 잡고, 5~6월은 성게. 성게 까는 사람 1킬로에 돈 얼마 주고 거제 지세포에 가서 팔았쓰예. 봄에 미역 잠깐 팔고 겨울엔 해삼, 주로 해삼을 많이 잡습니다. 해삼이 6, 70%. 그다음이 전복, 멍게, 성게, 미역. 미역은 봄에만 하는 기고."

그러다가 이성태 씨가 고등학교를 졸업할 무렵 아버지가 돌아가시고 형님이 그 일을 물려받게 됐다.

"우리 형님이 한량입니다. 이런 사람이다 보니께네 배 운영을 해야 되는데 똑바로 했겠씹니까. 물건 있으면 자갈치 가서 노름하고… 사업에 신경을 써야 되는데 운영을 잘 못 해서 77년인가 78년, 많이 했으면 80년도, 그때쯤 그만 뒀지예."

"이모부는 그 당시 머구리 조합에 소속돼 있어서 허가받고 했지예. 아버지는 작은 목선이고 허가를 안 받아서 가덕도 일대만 작업했고. 이숙은 하루 나가면 70년도에 70만 원 이상 벌어 선원들이 나눠 가졌쓰예. 경비 떼면 이숙은 선주니까 35만 원 정도 가져가고, 머구리가 17만 5천 원. 나머지는 선원들이 갈라 묵고예."

가덕도 인근에서만 작업했던 이성태 씨의 아버지는 작은 목선의 선주이자 머구리였기 때문에 22만 5천 원 정도를 가질 수 있었다. 그 당시 고등학교 졸업하고 취직하면 봉급을 3만 원 받을 때였다고 하니 부자 소리를 들었다.

"이모부는 이 가덕도에서 랭킹 1위였쓰예. 그때 사람들이 죽도 못 묵고 쑥 뜯어서 먹고 그랬지예. 우리는 어려서부터 보리밥 안 묵었쓰예, 허연 쌀밥만 묵었지. 그만큼 돈을 많이 벌었는데 관리를 잘 못했쓰예. 우리 아버지가 술 좋아하고 오는 사람 가는 사람 다 먹이고 그런 스타일이었쓰예. 형님도 물려받아 잘했으면 됐을 낀데 한량이었고예. 벌써 고등학교 다닐 때, 남들 밥도 못 먹고 할 때 구두 쫙 빼 신고 다녔으니까."

그의 아버지와 이모부가 하던 머구리 일은 그의 아들들이 물려받았지만 관리 소홀로 각각 80년대와 90년대 초반에 손을 놓아버렸다.

아버지 사진 한 장 없다는 아쉬움 묻어나는 그의 얼굴을 대하기 민망해 나는 살며시 시선을 돌리고 이런저런 소회에 젖은 사람들의 심란한 속을 아는지 모르는지 낚싯줄 머금은 가덕도 앞바다는 바람에 꼬이어 이리저리 몸을 놀리고 있었다.

하인상

───

가진 재주 없이 카투니스트와 시인, 기자질을 한다는 건 죄악이나 다름없다.
세상의 시름을 내려놓을 수 있는 숨비소리가 그 어느 때보다 절실한 요즘이다.

제주 대상군,
오륙도 품에 안기다

하인상

늦은 장마로 일기가 고르지 못하던 6월 어느 날 아침.

다섯 여섯 섬 오륙도가 옅은 해무를 뚫고 고개를 내민다. 육지에서 가까운 곳부터 방패를 닮은 방패섬, 솔바람 불어오는 솔섬, 호리병 닮은 수리섬, 뾰족하네 송곳섬, 커다란 굴섬, 등댓불 밝혀주는 등대섬이 가족처럼 모여 앉아 서로의 안부를 묻고 있다.

그 주위로 가쁜 숨비소리가 들려온다. 오륙도 해녀들이 물질을 하며 오륙도의 아침을 깨우는 모습이 목격되는 순간이다.

얼마의 시간이 흘렀을까.

점심시간이 지나서야 오륙도 해녀들은 약속이나 한 듯 뭍으로 향한다. 허리에 납덩어리를 두르고 테왁과 망사리를 끼고 물 밖으로 나오는 이들의 얼굴이 조금은 피곤해 보인다.

"많이 힘드시죠?"라는 말로 인사를 건네자 모두 괜찮다는 듯이 엷은 미소를 보낸다. 초여름의 날씨에도 입술이 파랗게 물들어 있는 이들도 있다.

"차가운 삭풍이 불어오는 겨울철에는 얼마나 고단할까?"라는 생각이 퍼뜩 스쳐 지나간다.

뭍으로 올라온 해녀들은 옷을 갈아입기 무섭게 자신들의 좌판에 갓 잡아 온 해산물을 채우기에 바쁘다.

싱싱한 해삼과 성게 등 귀족 해산물부터 멍게, 군소, 고동, 미역 등에 이르기까지 좌판은 오륙도 앞바다를 옮겨놓은 듯 풍성하기만 하다. 이곳이 바로 제주 출신 해녀들이 터를 잡고 사는 오륙도 해녀촌이다.

82세 현역 고이선 회장,
오륙도 해녀 역사 오롯이 간직

바다 쪽 가장자리에 좌판을 깔고 있는 고이선 씨.

그는 올해 82세로 오륙도 해녀 중 최고령자이다. 몇 해 전부터 해녀들의 모임 회장으로 활동하고 있으며 지금도 물질을 하고 있는 현역 해녀 신분이다.

1세대 오륙도 해녀라고 불리는 고이선 회장은 제주도 한림 출신으로 70년 전인 12살 때부터 물질을 배우기 시작했다. 본격적으로 해녀의 길을 걷기 시작한 것은 16살 되던 해부터다.

"초등학교도 마치기 전부터 물질을 배웠어. 그때는 그게 너무나 당연했지. 옆집 친구들이 바다에 뛰어드니 나도 자연스럽게 해녀 흉내를 내기 시작했지. 그러다가 16살에 부모님과 함께 해마다 울진 서생 앞바다에서

오륙도 해녀가 등대섬을 배경으로 물질에 한창이다. ▶

용호어촌계 소속 오륙도 해녀들이 삼삼오오 모여 수확한 해산물을 확인하고 있다

물질을 하며 가계 도와왔으니까 벌써 70년 가까이 되어 버렸네."

온화한 미소와 차분한 어조로 얘기하는 고이선 회장은 여든의 나이가 무색할 만큼 건강하게 보인다. 이야기 중에 잠시도 쉬지 않고 몸을 움직인다.

고 회장은 1959년 남편이 철도청 임시직으로 취직하면서 뭍으로 나왔다. 두 내외가 갓 돌을 지난 장남을 들쳐 엎고 찾은 곳은 부산 영도 남항동이다. 얼마 후 해녀 자리를 얻기 위해 해운대 동백섬으로 거처를 옮겼다.

"남편의 벌이가 시원찮아 가계에 보탬이 돼야겠다는 마음으로 해운대를 찾았지만 기존 해녀들의 텃세가 만만치 않더라고. 호구지책으로 미역을 따서 자갈치에 팔기 시작했지. 하지만 생각했던 것보다 수입이 좋지 않아 고민이 많았지."

해운대 생활도 오래가지 않았다. 그는 마지막으로 지푸라기라도 잡는 심정으로 용호동을 택했다.

"정말 마지막이라는 심정으로 용호동을 찾았어. 어촌계장님의 도움으로 천초와 미역을 팔아 쌀과 돈을 벌 수 있었지. 그때부터 용호동과 인연을 맺게 된 거고 한센병(나병) 환자촌을 처음 알게 됐지. 닭똥 냄새가 심했던 기억이 지금도 또렷해. 하지만 바다 위에 떠 있는 오륙도 섬을 바라보면서 편안하다는 느낌을 받았지. 그게 인연이었지."

고 회장이 오륙도에 터를 잡기까지는 적지 않은 어려움이 있었다. 인근에서 오랫동안 물질을 해 오던 해녀들과 마찰을 빚으면서 고초를 겪어야 했다.

"처음 용호동 오륙도에 와보니 멀리 영도 해녀들과 가까운 용당 해녀들이 터를 잡고 자리를 내주지 않아 어려움이 많았지. 한동안 이들과 바다 위에서 고성을 지르며 많이 싸웠어. 그때도 오륙도 인근에는 싱싱한 해산물이 많아 치열한 자리다툼이 일어난 거지. 물질로 힘든 몸이었지만 터전을 지키기 위해 치열하게 싸웠던 것 같아."

바다를 놓고 벌인 싸움은 오래가지 않았다. 어촌계 태동과 함께 바다에도 구역이 정해져 다툼의 여지를 없앤 것이다.

한때 대상군(물질을 아주 잘하는 상군 중의 상군)으로 명성이 높았던 고 회장은 처음 물질을 나갔던 기억을 지금도 잊지 않고 있다.

"오륙도 앞 바닷속을 들여다보고 깜짝 놀랐지. 해삼과 멍게, 전복은 물론 온갖 해산물이 지천에 깔린 거야. 하지만 팔 길이 없어 많이 따지 않았지. 대신에 찾는 이들이 많은 천초와 도박, 우뭇가사리 등을 뜯어내다 팔기 시작했어. 어촌계장에게 주면 조합에 팔아 우리에게 수익금을 돌려주는 구조였어."

해산물이 돈이 되기 시작한 것은 1963년 동국제강 용호동 공장이 설립되면서부터다. 분깨 염전을 메워 만든 공장이 들어서자 인근에 삼성시장 등의 전통시장이 들어서게 됐고 이때부터 오륙도 해녀들이 잡은 소라와 멍게, 전복, 해삼, 성게 등의 해산물이 불티나듯 팔리기 시작했다.

"참말로 재밌었지. 왜냐면 돈이 됐으니까. 용호시장에 처음에는 붉은 속이 특징인 돌담치를 채취해 내다 팔았고 차츰 해산물 수요도 늘면서 생활에 여유가 생기기 시작하더라고. 그때 계를 조직해 돈놀이를 할 정도였으니까. 아침 일찍부터 길도 없는 산을 넘어 백운포와 이기대 등에서 물질을 하고 오후에는 시장에 내다 팔며 정신없이 살았던 것 같아."

고 회장은 당시를 회상하며 웃음을 지어 보였다가 이내 눈시울을 붉힌다. 어린 자녀들을 제대로 보살피지 못한 어미로서의 죄책감이 느껴져서라고 털어놓는다.

"돈 번다고 어린 3남매를 들고 업고 용호동 농장 산길을 걸어 오륙도 앞바다에 도착하면 큰아이에게 동생들을 돌보라고 얘기하고 물질을 하러 갔지. 남편마저 외항선을 타고 타지를 돌던 때라 한창 귀여움을 받아야 할 시기에 아이들에게 해준 게 없어, 지금도 미안한 마음이 드는 거야. 해녀 생활을 하며 가장 힘들었던 게 바로 이 부분이지."

고 회장은 49살 되던 해에 인생의 큰 전환기를 맞는다. 네 살 위인 남편 윤태관 씨가 유명을 달리하면서 가정을 홀로 꾸려나가야 하는 절체절명의 순간을 맞은 것이다.

"아이들이 대학교 1, 2학년 때 남편이 세상을 버렸지. 정신이 번쩍 들더라고. 한참 돈이 들어가야 할 시기에 앞이 캄캄했

오륙도 인근 바닷속을 살피고 있는 오륙도 해녀

지만 맘을 고쳐 잡았지. 그해 겨울부터 말똥성게라고 불리는 '앙장구'를 동료 해녀들로부터 사서 자갈치에 팔았어. 기억에 1kg에 2,000원 했던 것 같아. 팔기 전날 밤에 소금 간을 해야 하는 데 그때 근수 차이가 나게 되지.

그 마진이 꽤 돈이 됐고 생활에 여유가 생겨 재미가 나더라고."

그의 악착같은 생활력 덕분에 세 자녀 모두 대학 공부를 시킬 수 있었다. 지금도 생각하면 감사하고 또 감사한 일이라고 회상한다.

"물질해서 아이 셋 모두 대학에 보낼 수 있어서 얼마나 감사한지 몰라. 큰아이는 KT에서 40년 가까이 근무하다 올해 정년퇴직하고, 둘째는 나를 돕고 막내는 창원에서 반듯한 직장에 다니고 있어 뿌듯하지. 이만하면 70년 가까이 해녀짓 한 보람이 있는 거지? 맞지? 그리고 11층 빌라도 가지고 있으니 이만하면 성공한 거 아니야(웃음)."

60~80대 제주출신 철의 여인
거친 파도 모진 바람 이겨내다

오륙도 선착장 앞 해녀촌에는 고이선 회장과 같은 해녀 19명이 더 있다. 이들의 삶은 고 회장과 크게 다르지 않다. 연령층은 60대 후반에서 80대 초반에 이른다.

대부분이 제주도가 고향이지만, 결혼이나 다른 연유로 부산 오륙도로 숨어들었다. 공통점은 또 있다. 가족을 위해 거친 파도와 싸우고 모진 바람을 이겨낸 철의 여인들이라는 것이다.

이들은 매일 아침 8시를 전후해 유람선 성조호를 타고 작업에 나선다. 나이가 많은 사람들은 오륙도 가까운 곳에서 미역이나 고동(봄알) 등을 채취하고 체력이 좋은 젊은 해녀들은 더 먼 곳으로 물질에 나선다. 거센 바람(동풍)이 부는 날이면 백운포로. 그렇지 않은 날에는 이기대까지 작업 범

오룩도 해녀들이 갓 잡은 해산물을 육지로 옮기기 위해 방패섬 앞을 헤엄치고 있다

위를 넓혀간다. 그래서 젊은 해녀들의 좌판에는 전복과 소라, 성게 등 고급 해산물이 많다.

뭍으로 나오는 시간은 정해져 있다. 휴일에는 10시를 전후, 평일에는 오후 1시까지 물질을 하고 좌판을 깐다.

계절마다 올라오는 해산물이 다르다. 겨울에는 말똥성게가 많이 잡히고 봄철에는 해삼이, 요즘 같은 여름철이면 전복과 소라, 그리고 보라성게 등이 많이 난다. 사시사철 다른 바다 먹거리를 맛볼 수 있다는 말이다.

고여학 · 김임생, 1957년 처음 물질
천초 우뭇가사리 등 채취 일본 수출

용호동 오륙도 앞바다에 제주 해녀들이 정착하기 시작한 것은 지금으로부터 62년 전인 1957년으로 기록돼 있다. 고여학(97세) 씨와 김임생(87세) 씨가 해남(海男)과 함께 물질을 한 것이 시초가 됐다.

본격적으로 오륙도 해녀가 태동하게 된 것은 당시 어촌계장이었던 김달문 씨가 천초와 우뭇가사리 등을 채취해 일본에 수출하려고 제주 해녀 17명을 불러들이면서부터다. 수입이 꽤나 짭짤해 이들은 오륙도 앞에 해녀촌을 만들어 좌판을 펼치기 시작했다. 차츰 터를 잡아가면서 1990년 초반 콘크리트 슬래브 구조의 해녀 막사까지 짓게 됐다. 이곳에는 현대식 탈의실은 물론 온수탕을 갖추고 있어 물질을 마치고 돌아온 해녀들이 충분히 휴식을 취할 수 있었다. 여기에 모인 해녀들은 '해녀가'를 부르거나 일상의 대화를 나누며 고단한 하루를 달랬다. 하지만 셀마 태풍 등으로 크게

파손돼 지금은 철거됐다. 대신 컨테이너 막사가 들어섰지만 이것도 태풍
이 불면 높은 곳으로 옮겨야 하는 번거로움이 있다.

　해녀들의 가장 큰 소원은 이 컨테이너 막사를 치우고 적당한 곳에 이전
과 같은 콘크리트 막사를 마련하는 것이다.

풍어제 '지(紙) 드림' …
용호동에 독특한 문화를 심다

　오륙도 해녀들은 오래전부터 용호어촌계 나잠업회라는 모임을 결성하
고 우애를 다지고 있다. 경조사가 있으면 회원 전원이 2~3일간 영업을 중

물질을 통해 잡은 문어를 들어보이며 포즈를 취하고 있는 오륙도 해녀

단하고 길흉사를 마칠 때까지 도울 만큼 결속력이 대단하다.

오륙도 해녀들은 지역문화에도 적지 않은 영향을 끼쳐왔다. 이들은 해마다 음력 2월 초에 풍어제를 지내는가 하면 제주 해녀들이 새해 들어 처음 입어(入漁)하는 날에 용왕 할머니에게 한해의 무사태평을 기원하는 '지(紙) 드림'을 드리며 독특한 문화를 형성했다.

뿐만 아니라 해녀들은 백운포와 오륙도, 이기대에 이르는 지역의 지명에 제주방언을 심어왔다.

잘록개, 농바우, 구디기, 조 군돌, 승축골 등이 바로 그것으로 제주출신 오륙도 해녀들이 서로 간의 연락과 소통을 위해 이름 지은 것이다. 요즘도 해녀들이 제주도 사투리를 써가며 얘기하는 모습을 심심찮게 볼 수 있다.

막내가 60대 후반
해녀질, 우리가 마지막 세대

오륙도 선착장 앞이 다시 북적거린다. 모처럼의 휴일을 맞아 하나둘 모여들기 시작한 관광객들과 시민들로 좌판 앞은 장사진을 이룬다. 싱싱한 해산물을 사서 바로 옆에 있는 초장집으로 향하는 사람들의 발걸음이 가벼워 보인다. 돈이 들어와서일까. 해녀들의 입가에도 웃음이 가득하다.

해녀들과 작별 인사를 나누기 전에 한 가지를 물었다. 오륙도에서 해녀들을 언제까지 볼 수 있냐고.

"현재 막내 해녀가 60대 후반이야. 모두가 고령이니 10년 남짓 되지 않겠어. 우리는 해녀질을 대물림한다는 생각조차 안 했어. 또 젊은 사람들이 잘 안 하려고 하고. 사실상 우리 세대가 마지막이야."

고이선 회장은 눈을 들어 오륙도를 바라보며 물질로 힘들 때면 부른다
던 제주 해녀가를 나지막한 목소리로 읊조린다.

"우리는 제주도의 가이없는 해녀들 / 비참한 살림살이 세상이 아라 /
추운 날 더운 날 비가 오는 날에도 / 저 바다의 물결에 시달리는 몸 … "

하루를 정리하고 돌아서 걷고 있는 오륙도 해녀의 뒷모습에서, 그들의 고단한 삶을 엿볼 수 있다

홍영미

감성은 충만하나 글 쓰는 일은 아직은 어렵다.
우리의 삶이, 우리의 문화가 좀 더 따뜻해지고 인간적이기를 바라는 꿈을 꾸며
그 안에서 함께 하기를 소망한다.

자유로운 투영

홍영미

아침이 시작되는 곳

일광은 '아침 해를 가장 먼저 받는 산'이라는 뜻의 일광산(日光山)에서 유래된 지명이다. 산과 바다가 어우러진 넉넉하고 풍요로운 느낌의 마을. 일광 지역은 이천리를 비롯하여 동백, 학리, 이동, 신평, 칠암, 문중, 문동 마을 등 13개 마을로 구성되어 있다. 각 구역 어촌계별로 바다 경계가 만들어져 마을 해녀들은 자기 구역 내에서만 물질을 한다. 해녀를 하기 위해서는 몇 가지 조건이 있다. 우선 본동 주민이거나 어업종사자여야 한다. 객지에서 들어온 경우는 5년 이상 거주한 경우에 한해서만 가능하다. 신청자가 있으면 이천마을 어촌계 회의를 통해 결정되며, 그런 경우라야 비로소 해녀 일을 할 수 있다. 어촌계마다 기준이 다르기는 한데 이천리에서는 별도의 입회비는 없다.

하늘빛이 파랗게 투영된 바다에 물결이 살랑살랑 일렁이는 아침나절, 나는 해녀들을 만나러 갔다. 기분 좋은 바닷바람이 해녀들 얼굴에 드리워진 태양 빛을 긁어대고 있었다. 얼마 만에 보는 맑은 날씨인지. 거세게 비가 온 후라 그런지 희뿌연 미세먼지가 걷힌 푸른 하늘과 부드러운 바닷바람이 내 마음을 한결 가볍게 만들었다.

"행님, 어서 오이소. 마 바람도 좋고 바다 때깔도 곱네예."

가장 어려 보이는 해녀 복 씨가 해녀복으로 갈아입고 모자 위에 수경을 걸치면서 멀리서 걸어오는 동네 해녀들을 향해 손을 흔든다.

"이거 얼마 만에 물질이고. 아이고 날이 계속 안 좋아서 걱정이 태산 같더니만 다행이네예."

어느새 바닷가에 모여든 해녀들은 한바탕 웃으며 하나둘씩 잠수하기 위해 준비를 한다. 그녀들은 바다에 들어가기 전에 해녀 옷을 차례로 갖춰 입기 시작한다. 얇은 내의 위에 바지를 입고 상의를 껴입는다. 해녀 옷은 차가운 바닷물로부터 해녀들의 몸을 보호하기 위해 고무로 만든 잠수복이다. 바위 위에 걸터앉은 어떤 해녀는 모자를 눌러쓴 채 수경이 잘 보이게 하기 위해 바다 쑥을 한 움큼 뜯어 쓱쓱 수경을 닦는다. 그냥 물로 씻기보다는 바다풀로 문질러 닦으면 바닷속이 투명하게 잘 보이기 때문이다. 이제 오리발을 차고 물속에 들어가면 될 터이다.

해녀들은 고개를 들어 하늘을 바라보았다. 따뜻한 햇볕이 바다에 생기를 불어넣어 반짝반짝 보석빛을 내뿜고 있다. '휴~ 휴'. 찬찬히 그리고 일정하게 호흡을 고르며 해녀들은 물질의 시작을 알리고 있다. 말하지는 않지만 물안경 너머의 눈빛은 오늘도 무사히 물질을 마치게 해 달라는 간절함을 담고 있다. 얼마 전 발생한 사고의 기억 때문이기도 하다.

평소 가슴이 답답하다고 하면서도 병원비 아낀다고 소화제와 사이다만 들이켜던 해녀 김 씨가 물속에서 심장마비가 와 응급실에 실려 가는 사건이 있었다. 병원도 먼 거리에 있어 큰일을 치르나 했는데, 다행히 지금은 회복이 되었다고 한다.

일광 바다의 아침은 평온하다. 보통 사람 같으면 나지막한 햇살과 적당한 바닷바람으로 일렁이는 바다를 보고 있노라면 참으로 평온할 것이다. 그런데 해녀가 바라보는 바다는 다르다.

"우리는 바다색만 보면 오늘 물질이 되겠다 안 되겠다 감이 온다 아이가."

해녀 박 씨의 말이다. 일기예보 날씨보다는 수십 년 물질을 해온 해녀의 눈이 더 정확할 수도 있을 것이다. 평온해 보이는 바다라 할지라도 바닷속 수압의 세기는 매우 다르다. 특히 파도가 치거나 바다색이 안 좋은 경우는 시야 확보가 되지 않아 절대 들어가지 않는다.

요즈음은 사고가 잘 나지 않지만, 몇 년 전까지는 정치망에 걸리는 사고가 가끔 났다고 한다. 정치망은 한꺼번에 생물을 포획하기 위해 수심이 얕은 곳에 일정 기간 쳐 놓은 어구이다. 분명 물질하러 들어갈 때는 위치를 알고 들어갔음에도 불구하고 바닷속 수압에 밀리거나 이리저리 작업하면서 착각해 사고가 나기도 했다 한다. 어부들이야 배 위에서 훤하게 바다 위를 밝혀주는 등이 있지만 해녀들에게는 오로지 자신들의 경험과 맨몸으로 부딪히는 게 전부이다. 일반 그물을 쳐 놓은 경우에는 거의 사고가 나지 않는다. 늦은 저녁에 쳐 놓았다가 아침 일찍 거둬들이기도 하지만 대부분 해녀가 작업하는 곳에서 멀리 떨어진 곳에 그물을 놓기 때문이다.

바다의 선물

해녀들은 긴 호흡을 가다듬으며 들이쉬고 내쉬고를 반복한다. 이윽고 가볍게 물 위로 몸을 맡기는가 싶더니 이내 물속으로 들어간다. 허리에 매단 납덩어리 덕분에 한순간에 쉽게 물속으로 들어갈 수 있다. 납은 보통 개인 몸무게에 따라 달라지는데, 보통은 6~7kg 정도이며 최대 9kg 무게를 달아 잠수가 빨라지도록 도와주는 역할을 한다. 혹시 몸에 단 납덩이 때문에 올라오는 게 힘들지 않을까 싶긴 한데 잠수복이 고무 옷이라 물에 잘 뜨기 때문에 힘들지는 않다고 한다.

바위 틈새를 헤집어서 전복도 따고 해삼도 건져 올리고 귀한 성게알도 건져 올리는 손길이 바쁘기만 하다. 그렇게 한참 바다 위아래를 오가며 물질을 하다 보니 어느새 망사리 안에는 전복과 소라, 성게로 가득 차고 머리 위 태양 빛은 바다 위를 쪼아대기 시작한다. 이윽고 바다 위로 까만 모자가 하나둘 떠오르더니 헤엄쳐 나오기 시작한다. 건져 올린 해산물들은 인근 횟집으로 전부 넘겨진다. 다른 지역에서는 해녀들이 직접 건져 올린 해산물들을 손질해서 팔기도 하지만 일광 이천리에서는 대부분 횟집으로 넘기고, 개인적으로 주문을 받은 경우에만 직접 판매를 한다. 이렇게 하루에 4~5시간 정도 물질해서 벌어들인 수입으로 아이들 학교 공부도 시키고 시집 장가도 보내고 생계를 유지해 왔다고 한다.

해녀가 잠수해서 채취할 수 있는 해산물은 계절별로 다양하지만 전복, 소라는 연중 채취가 가능하다. 1월에서 5월에는 해삼, 6월에서 9월경에는 성게, 그리고 경상도 사투리로 앙장구라 불리는 말똥성게는 11월에서 3월경에 주로 채취하게 된다. 말똥성게는 동그라니 말똥 모양처럼 생겼다 해서 붙은 이름이다. 겨울철 알이 꽉 찬 말똥성게가 가장 귀한 대접을 받으며 거의 일본으로 수출을 한다. 말똥성게는 큰 돌 밑에 숨어있어 하나하나 돌을 뒤져야만 채취가 가능하다. 때문에 하나 건져 올리기도 전에 돌을 뒤지다 다시 물 위로 올라와야 하는 제법 힘든 작업이기도 한다. 그 외 미역, 군소, 청각, 우뭇가사리 등 다양한 바다 먹을거리가 있다. 우뭇가사리는 한천이나 화장품 원료로 많이 사용되나 수확량에 비해 수입이 적어 요즘은 비교적 채취하지 않는다고 한다. 가장 많이 채취하는 해산물은 전복, 소라, 해삼 등이다.

바다 인어라꼬?

아침 9시부터 시작한 물질은 5시간이 거의 다 된 오후 2시경이 되어야 마무리가 된다. 해녀들은 물아래와 위를 오가면서 채취한 해산물로 가득한 망사리를 들고나올 때는 지치지도 피로한지도 모를 것이다. 일광에서는 망사리를 망태기라고 부르기도 한다.

"누구든지 마찬가지겠지만 처음부터 이 일을 하려고 작정을 했겠나? 이거밖에 할 게 없으니 시작한 거제…"

해녀 이 씨의 말이다. 검게 그을리고 주름이 깊게 파인 얼굴에는 바닷바람과 태양 빛이 만든 세월의 흔적이 가득 맺혀 있었다.

"우리 어릴 때는 학교도 변변히 나온 사람이 거의 없었지. 배운 게 없다 보니 취직하기도 힘들고, 딱히 기술도 배운 게 없었고, 동네 언니 따라서 바다에 놀러 갔다가 거기서 해녀 물질하는 거 보고 재미 삼아 시작한 게 벌써 40년을 훨씬 넘겼네."

인고의 세월만큼 거칠어진 손과 얼굴을 쓱 문지르다 찬찬히 손을 내려다보는 해녀 이 씨. 예전에는 예쁘게 화장하고 다니는 또래의 아낙들을 보면 부럽기도 하고 속상하기도 했지만 이제는 차라리 이 일을 배운 게 낫다 싶을 때도 있다고 한다. 손자 과자도 사주고 용돈도 쥐여줘야 대접받는 세상이 되다 보니 나이 들어서 남의 집이나 식당, 공장에서 시간 맞춰 일하는 것보다는 날씨 따라, 시간 따라, 기분 따라 자신의 자유의지에 따라 일을 하고 돈을 번다는 것이 더 낫다는 것이다.

55세 이상의 어르신들이 해녀인 마을. 대부분 어린 나이인 17~20세에 해녀 일을 처음 시작하였다. 처음에는 물에 들어가서 헤엄치고 노는 게 재미있었고, 물이 익숙해질 때쯤에 바다에서 조개나 전복 등 먹을거리가 나오는 게 신기했고, 그래서 재미 삼아 마을 언니들을 따라다니기 시작했다. 지금이야 제주도나 거제도에 해녀학교가 있어 체계적으로 교육 훈련을 하고 있지만 예전에는 딱히 가르쳐 줄 선생님도 학교도 없었다. 바닷물이 익숙할 때쯤에 그나마 먼저 시작한 동네 언니가 돌 하나를 바닷물 속으로 던져서 가져오게 하고 그렇게 하나씩 익히고 스스로 터득하는 방법뿐이었다.

바다 물질은 누가 가르쳐 주지 않는다. 스스로 자맥질을 하고 호흡 조절하는 방법을 터득하고 바다를 익혀나가는 연습이 필요하다. 한번 내려갈 때 약 50초 정도 있다가 올라오는데 그냥 숨을 참기만 해서는 안 된다.

이천해녀복지회관 전경

내려가는 숨, 작업하는 숨, 올라오는 숨이 다 따로 있다. 한 번에 다 쉬지 않고 조금씩 나누어서 숨을 내쉰다. 가끔 올라갈 때 숨이 찰 경우가 있다. 이때는 숨을 쉬지 않고 호흡을 속으로 하나둘 조금씩 내 쉬면서 올라가야 한다. 잠수는 누가 가르쳐 준다고 해도 배워지는 게 아니라고 한다. 스스로 부딪히면서 배워나가는 방법뿐이다. 바닷속으로 내려가는 순간 그 물 밑에는 나밖에 없기 때문이다. 참으로 외로운 순간이겠구나, 생각이 든다. 50초의 작업을 수없이 반복하면서 어쩌면 스스로를 이겨내려는 몸짓이 아닐까 싶다.

처음 물질은 서툴기 마련이다. 호흡을 조절하면서 내려가도 처음에는 정신이 하나도 없다. 옆에서 바위 어디를 보라하고 해산물이 있는 곳을 알

이천해녀복지회관

려주어도 제대로 보이지 않는다. 물질이 초보일 때에는 3~4m를 겨우 들어가지만 나중에는 최대 10m 속을 유유히 헤엄쳐 들어간다. 바다 깊숙이 들어가서는 50초가량 머물다가 이내 곧 올라온다고 한다.

"사람들은 TV를 보고 해녀들이 전부 1분 이상 있다가 올라오는 거로 알고 있는데 다 그런 건 아니다. 제주도 해녀들은 그런지는 몰라도 여기서는 1분 이상 하는 사람은 거의 없다." 손을 휘적거리며 어린아이처럼 해맑게 웃는 해녀 박 씨는 이런 말 하는 게 재미있다고 한다.

"요즘 사람들은 특별하고 대단하다고 말해야지만 관심을 가지니깐 자꾸 저런 말들이 나오는 기다."

특히 나이 50세 이상이 되면 물질을 오래 한 해녀도 힘들어서 그렇게 할 수가 없다는 것이다. 물속에 들어가서 전복, 소라, 해삼 등을 따다 보면 자꾸 욕심이 나곤 한다. 하나라도 더 따기 위해 이것만 하나 더… 하다가는 올라오기 힘든 큰일이 날 수도 있다. 처음에는 잠시 내려갔다 오는 동안에 물을 마시기도 하지만 차츰 익숙해지면 스스로 호흡 조절을 맞춰가면서 작업을 한다. 작업을 하다가도 숨이 다 찼다 싶으면 바다 위로 올라오고 다시 내려가서 작업을 해야 한다.

"절대로 욕심을 내면 안 되는 거라…"

해녀 박 씨의 얼굴에 산전수전을 다 겪은 자의 웅숭깊은 표정이 서린다.

예전에 읽었던 동화책에 보면 나무통에서 꿀을 찾아낸 곰이 꿀통을 가득 잡아 꺼내려다 손이 걸려 꺼내지 못하고 결국 꿀통을 내려놓아야 손을 뺄 수 있었다는 내용이 있다. 욕심을 내려놓아야 바다 보물을 가질 기회가 주어지게 되는 것이리라.

수심도 처음에는 3m로 시작했지만 한 해가 지날수록 1m 내려가고, 그 다음 해 1m 더 내려가고 하나씩 하나씩 계단 내려가듯이 더 깊이 들어갈 수가 있다.

나는 해녀 할머니

오랫동안 해녀 일을 하다 보면 여러 가지 직업병이 따르기 마련이다. 하루에도 수십 차례 바닷속을 들어갔다 나오기를 반복하다 보니 수압으로 인해 이명증과 두통에 시달린다고 한다.

"이제는 일상이다 보니 그냥 그런가 보다 한다. 근데 나이가 드니 힘이 딸리기도 하고… 참, 몇 년 전에는 동네 나이 드신 분이 들어갔다가 심장마비 사고도 안 났나? 그래서 그런가 우리도 이제는 좀 겁이 날 때도 있다."

참 많은 직업군이 있지만 해녀만큼 자신의 온몸으로 부딪히면서 때로는 생명의 위험도 무릅쓰고 해야 하는 일이 있을까 싶다.

지금은 일반 보험사 가입도 가능하다고 한다. 몇 년 전까지만 해도 일반 보험사 가입이 불가능했다는 것이다. 위험 직업군이기 때문이다. 지금은 수협중앙회를 통해 보험 가입이 가능하고 정부에서 약 70% 지원도 해준다고 하니 참으로 다행이 아닐 수 없다.

예전에는 이천리 구역만 해녀가 6~70명이었지만 지금은 겨우 20명 내외라고 한다. 옛날 해녀들은 특별한 기술이 없는 상황에서 생계를 꾸리기 위해 어쩔 수 없이 물질을 선택해야 했다. 그런데 오늘날에는 젊은 사람들 대부분이 도심 쪽으로 취업을 나가는 경우가 많고, 마을 여인들도 일광지역 특산품인 미역과 다시마를 생산하는 공장에 취업하는 경우가 많아 해녀 일을 배우는 이가 거의 없다고 한다.

해녀 일을 배우겠다고 나서는 이도 없고, 해녀들의 나이도 어느덧 오십을 넘어 육십을 넘기기 시작한 상태이다. 더군다나 요즘에는 해녀들도 물질이 힘들어 자주 바다에 나가지 않는다고 하니 해녀가 점점 줄어들 수밖에 없는 게 현실이다.

대부분의 해녀는 어릴 적부터 시작한 물질을 포기하지 않았다. 결혼 후 가정을 꾸리고 아이들을 키우면서도 집안의 생계를 책임져야 했던 그들이었다. 그래서 바닷바람과 물살에 휩쓸리지 않으려고 수십 년 동안 자신을 꽁꽁 동여매고 억척같이 살았던 것이다. 그 덕분에 아이들 공부도 시키고 결혼도 시키면서 지금은 그나마 쉬엄쉬엄 용돈 벌이 정도의 일을 할 수 있다고 한다.

일광 이천 마을에는 이천 해녀복지회관이 있다. 이곳은 3층으로 지어진 해녀들의 쉼터이다. 이곳에서 밥도 지어 먹고 쉬기도 하면서 하루의 노고를 푼다.

다른 어촌계와는 달리 이곳 이천리에서는 마을 주민들이 돌아가면서 당직을 서고 있다. 그 이유는 늦은 저녁이나 이른 새벽녘에 스쿠버들이 몰래 들어와 해산물들을 몽땅 쓸어가기 때문이다. 다이버의 채취 작업은 분명 불법으로 되어있음에도 늦은 저녁 몰래 차를 끌고 와서 주위를 살피다 산소통 등 장비를 다 갖추고는 몰래 채취하는 일이 종종 발생하곤 한다.

그래서 마을 주민들이 자발적으로 3인 1조가 되어 복지회관에서 당직을 서며 바다를 지키고 있다. 복지회관이 바다와 인접한 곳에 위치해 있고, 바로 인근에 동네가 있어 바다를 지키는 초소로는 딱인 셈이다.

"우리 스스로 지키지 않으면 누가 지켜주겠니, 마 힘든 거 하나도 없다."

해녀 이 씨는 자신들의 일터를 지키고 지역을 지키는 일이니 당연하지 않느냐는 듯 환하게 웃으며 말한다.

다음 날, 다시 찾은 일광 바닷가에는 따스한 햇볕과 파란빛의 바다가 일렁이고, 저 멀리 삼삼오오 해녀들이 환하게 웃으며 걸어오고 있다. 눈이 부신다.

3
바다와 숨비소리

정두환

––––––

유목과 정착의 차이는 공유와 소유의 차이라는 생각이다.
끝없는 소유의 집착을 떨쳐버리고 흐르는 생각의 나눔을 유목민처럼 공유하며 살고자 한다.
화요음악 강좌를 20년째 진행하면서 공유의 소중함을 몸으로 느낀다.

숨비소리에 안겨
삶을 품는다

정두환

다대포 해녀를 만나러 가는 길

　먼 산의 해가 하루를 알리기 시작하는 이른 아침 다대포를 향해 출발하였다. 너무 이른 출발이었는지 약속 시각까지는 아직 한 시간이 넘게 남았다. 새벽녘에야 잠이 들었는데 또다시 강행군이니 몸이 무겁다. 아직 약속 시간이 남아 있으니 잠깐 차에서 눈을 붙일 생각으로 잠을 청하는데 핸드폰이 심하게 흔들린다. 약속 시각이 된 것이다. 잠깐 눈을 붙였는데 말이다. 해녀들은 벌써 다대 해변시장 끝머리에 정박해 있는 배에 몸을 싣고는 필자를 기다리고 있었다. 미안함에 연신 고개를 숙이고는 배에 올랐다. 일찍부터 일하는 것이 몸에 습이 된 해녀들은 이런 나를 따뜻하게 맞이해 준다. 비릿한 바다 냄새 속에 해녀들의 따뜻함이 더해진다. 배에 오른 뒤 선장과 짧은 인사를 나누자마자 배는 바다 위를 미끄러지듯이 어항을 빠져나간다. 해녀회장의 손짓에 기다리던 다른 배 2척도 출항한다. 오늘은 공

공동어장으로 출항하는 배 위에서 작업 준비하는 모습
- 다대포 해녀는 바다에서 바로 물질을 못하고 배를 타고 나가야 한다.

동어장에서 작업을 한다며 함께 작업하는 공동어장 쪽으로 안내한다. 79세의 노선장은 같이 물질하러 가는 한 해녀의 남편이다. 선장의 겉모습이 아직은 건강해 보인다. 그도 한때는 잘나가던 선장이자 선주였단다. 비록 그리 크지 않은 낚시 고깃배지만 평생을 다대포와 근해의 어장을 자신의 손금 보듯 물길을 읽고 있다. 선장이 인도한 곳은 언제부터 생성되었는지 알 수 없는 기암괴석이 돌출한 두송반도의 어느 틈 사이 바다다. 언제부터 시작되었는지를 알 수 없는 바다어장.

지난 2004년 다대포 다대부두와 두송반도 사이 암석 해안에서 조각류 등 공룡의 알 화석들이 발견됐다는 신문 기사를 본 적이 있다. 10㎝ 정도 크기의 공룡알 화석이 바위 속에 박혀 있다는 것이다. 이 공룡알이 지금으로부터 7~8천만 년 전 백악기에 살았던 오리주둥이 공룡과 같은 조각류의 공룡알이라고 하니 다대포 해안은 아마 그때부터 생명체가 살기에 아주 좋은 환경이었음을 반증하는 것은 아닐까. 이렇게 생태계가 살기 좋은 환경을 형성하는 과정을 살펴보면 조금은 그들의 터전을 이해할 수 있을 것 같다.

낙동강 칠백 리 끝에는 바다가 있었네…

강원도 태백 시내 중심지엔 낙동강 1,300리의 발원지인 황지연못이 자리하고 있다. 이 연못에서 발원된 강물 줄기는 약 510km를 유유히 흘러 낙동강 끝자락 을숙도까지 흘러든다. 강물은 기나긴 여정에서 품고 온 수많은 퇴적물을 낙동강 끝자락에 풀어놓아 우리나라에서는 보기 드물게 을숙도 등과 같은 삼각주 해안을 만들어냈다. 또한 강을 따라 흘러내린 토사들이 외해에서 밀려든 파도와 바람으로 인해 해안선을 타고 드넓은 모래 해안을 만들었다. 끝없이 펼쳐진 하얀 모래사장에서는 아이들의 웃음소리와 가족 단위 관광객 및 청춘 남녀들이 저녁노을의 아름다움을 만끽하며 다대포 백사장을 배경으로 추억을 남기려 연신 셔터를 누른다. 어디 그뿐인가. 드넓은 백사장은 문학 작품의 배경이 되어 아름다운 글귀로 환생하기도 하고, 영화의 한 장면으로 기억되기도 한다. 끝을 알 수 없었던 백사장은 개발과 정비라는 이름으로 옛 모습보다는 많이 변해있다. 많이 짧아진 해변 뒤로는 서로의 높이를 경쟁하며 하염없이 올라가는 아파트 단지로 인하여 스카이라인 또한 바뀌어 있어 예전의 광활했던 해변이 그저 그립다. 이젠 도심 중앙에 자리 잡은 해변이라는 생각에 옛 모습이 아련하다.

세상은 빠르게 변화를 거듭하고 있음에도 불구하고 변하지 않은 해녀들은 오직 맨몸으로 거친 바다와 한 몸 되어 순수 자신의 노동력으로 살아가야 하는 현장이 오늘도 이어진다. 다대포 해녀들은 강물과 바닷물이 만나는 천혜의 어장에 감사하며 바다에 안겨 그 힘겨운 삶을 품는다. 배가 공동어장으로 달려가는 사이 변변한 탈의실 하나 없이 배 뒤편에 천막으로 가려놓은 곳에서 물질을 위한 준비에 해녀들의 손길은 바쁘기만 하다. 시간의 흔적으로 헤어진 해녀복으로 갈아입은 해녀는 수경을 쑥으로 열심히 닦는다. 쑥으로 수경을 닦는 이유를 물었다. "이렇게 쑥으로 수경을 닦으면 성에가 끼지 않아요." 쑥으로 닦는 사이사이 침을 수경에 묻혀 힘주어 닦고는 또다시 바닷물로 닦는다. 물속에서 자신의 눈이 되어줄 수경

은 무엇보다 중요하다. 잘 보여야 성게며, 전복이며, 해삼 등 많은 양을 수확할 수 있기 때문에 해녀의 손길에는 소홀한 구석이 보이지 않는다. 필자는 연신 수경을 닦는 해녀들의 손에 눈길이 멈춰 한동안 떨어지지가 않는다. 또 다른 해녀는 태왁과 망사리를 챙기기에 여념이 없다. 망사리의 망은 살피고 또 살핀다. 조금이라도 느슨하면 애써 잡은 어획물을 놓칠 수 있기에 그 촘촘함을 점검하고 또 점검한다. 끝매듭은 잘 마무리되어 있는지, 이어지는 부분의 이음새는 잘 맞는지… 어구를 챙기는 눈길은 어느 한 곳 허튼 것이 없다. 스스로가 아니면 그 누구도 자신을 보호해 주지 않는 바닷속, 오롯이 스스로를 보호해야 하는 곳에서는 모든 것이 섬세하고 조심스럽다. 해녀들은 배가 물질할 곳에 다다르자 무거운 납덩어리를 허리에 찬다. 무거워 보이는 납덩어리에는 지나간 세월만큼 많이 낡아 있는 모습이 선명하다. 윤 회장은 손짓으로 작업을 알린다. 세 척의 배에 나뉘어 왔던 해녀들은 거친 바닷물 속을 향해 거침없이 뛰어든다. 일흔이 넘은 나이들임에도 바다에 뛰어드는 모습에는 조금의 망설임이 없다. 해녀들은

물질 준비를 위해 장비를 챙기는 모습. 장비들이 모두 세월의 흔적만큼 오래되었다.

태왁에 몸을 의지하여 '호이익~ 호이익~' 해녀 특유의 숨소리인 숨비소리
를 내며 작업장으로 미끄러지듯 들어간다.

숨비소리와 동행하는 삶

'호이익~ 호이익~' 해녀들이 쉬는 숨비소리에는 끊어질 듯 이어지는
삶의 고단함과 희망의 메시지가 함께 담겨있다. 육지가 아닌 바다에서 삶
을 건져 올리는 그녀들만의 숨비소리다. 아픈 몸을 이끌고 다 헤어진 해녀
복을 입고선 호맹이 하나 챙겨 든다. 태왁에 몸을 의지한 채 망사리 들쳐
멘다. 질곡 같은 인생의 무게를 단 납덩어리를 허리에 두르고선 어장으로
향하는 발짓, 하지만 그 발짓엔 거침이 없다. 바다에 온몸을 맡기는 순간
해녀들은 삶의 희망을 건져 올리는 것이다. 헤어진 해녀복 사이로 찬 바닷
물이 들어오고 물질하는 발 또한 세월의 무게에 힘겨우며 곱디곱던 손은

거침없이 바다로 뛰어드는 해녀의 모습과 물 속에서의 자유로운 유영

세월의 흔적을 고스란히 품었지만 육지에서의 모습과는 달리 해녀들의
물질은 힘차고 희망차다.

　다대포엔 현재 22명의 해녀가 등록되어 있다고 한다. 평균연령이 70대
이다. 그녀들이 안고 있는 질병도 다양하다. 잠수병에 허리며 팔다리, 온
몸 어디 성한 곳이 없다. 종합병원이 따로 없는 것이다. 다르게 생각하면
아프지 않은 것이 오히려 이상할 것이다. 12살에 물질을 시작하였다는 윤
복득 부산다대어촌계 해녀회장은 올해 나이 70으로 평생을 바다에서 살
았단다. 윤 회장을 포함하여 18명이 제주도, 그중에서도 대부분이 우도
출신이고, 4명이 부산 출신이라고 한다. 모두 힘든 삶의 현장을 평생 안고
살아 온 사람들이다. 평생을 물질하는 사이 해녀들의 작업 형태는 변한 것
이 없는데 주변은 참으로 많이 변했단다. 처음엔 그래도 제법 많은 해녀가
서로 힘을 의지하며 물질을 하였다. 어장도 크고 어획량도 풍부하여 특별
히 어장을 관리하지 않았으며, 그저 물질하기 바빴고 하루하루 채취하여

판매한 대금으로 자녀들을 열심히 키우는 재미로 살았단다. 윤 회장의 이야기는 이어졌다. "그때엔 해녀들도 많았고, 어장도 풍부하여 활기 찼었지예. 몸은 아프고 바닷물에 들어가는 것이 죽기보다 힘들었지만 자식들 커가는 모습을 바라보며 열심히 물질했어요. 그래도 그땐 재미있었어요. 요즘은 어장이 아무리 넓어도 물질할 사람도 많이 없고 모두가 늙어서… 그래도 우리가 안 하면 우짭니까. 다대포에서 해녀가 사라질 껀데… 젊은 해녀라도 받아야 하는데 한 오십쯤 되는 젊은 사람들이 와주면 좋겠는데 그게 어디 내 맘처럼 쉬운가요." 윤 회장의 얼굴엔 아쉬움이 가득하다. "이런저런 이유로 해녀들의 건강과 물질을 조금이라도 오래 하기 위해 요즘은 한 달에 5일 쉬고 10일 작업해요, 한번 물질하면 4시간 정도하지예. 우리가 점점 나이가 들어가니 5일 쉬고 7일 일하는 것으로 바꿀까 생각하며 함께 의논하고 있는 중입니다. 해녀가 유네스코 세계문화유산에 등록되고부터 제주도나 거제도에는 해녀학교도 생겨서 대를 이을 수 있을 것 같은데 우리 다대포도 빨리 만들어지면 좋겠는데… 우리는 아직까지 아무 소식이 없네예." 긴 숨을 내뱉으며 이야기하는 회장의 이야기 속에는 애잔한 아쉬움이 섞여 있다. 해녀들은 서로에게 이야기한다. 우리라도 최대한 건강을 잘 유지하여 오랫동안 물질을 하면서 바다와 함께 살자고, 세상모르고 시작한 어린 꼬맹이의 물질이 이렇게 호호백발의 할머니가 될 때까지 할 줄 그녀들은 알았을까. 이러다 보니 해녀들이 생각하는 물질에 대한 애정은 각별하다.

이날 윤 회장은 몸이 좋지 않다며 물질을 하지 않았다. 대신 필자를 자신들의 어장으로 안내했다. 물질이 막 시작된 공동어장을 뒤로하고 배는

해녀들의 공동 작업장 구역 표시

다대포 해변 쪽으로 나갔다. 망망대해 사이사이에 깃대가 보였다. 무엇인지 물으니 어장 구역 표시란다. 이 깃대가 해녀들이 물질하는 어장이라는 표시로 낚싯배나 다른 배들이 들어오면 물질하는 해녀들이 위험하다는 표시이기도 하다. 뱃전에서 바라보는 해안은 절경을 이루고 있었다. 수만 년 세월을 품은 해안 바위틈은 세월의 흔적만큼 경이롭다. 이런 절경 위에 낚시꾼들이 삼삼오오 이른 아침부터 낚싯대를 드리우고 있었다. 해녀들은 일부 몰지각한 낚시꾼들이 낚시를 하고선 오염물들을 그냥 버리고 가고 있다고 한다. 그 오염물들이 그대로 바다로 스며들어 해양오염으로 이어지고 있고, 근처에서 작업하는 해녀나 다른 낚시꾼들 모두에게 좋지 않다며 아쉬움을 토로한다. 이야기 도중에 바라본 바위엔 해녀들이 물질하는 바로 옆에서 낚시를 하는 모습이 보인다. 행여나 낚싯바늘에 해녀가 걸리지나 않을까 필자의 어설픈 염려가 앞선다. 배는 낙동강 끝자락 가까이 다가간다. 멀리 해변과 모래톱들이 띄엄띄엄 보인다. 다시 뱃머리를 돌려 섬과 섬 사이를 돌고선 다시 공동작업장 쪽으로 갔다. 정말 넓은 바다 어장이다. "아무리 몸이 아파도 이젠 바다를 떠날 수가 없어요. 내 몸만 열심히 움직이면 그래도 하루에 수월찮게 돈을 벌 수 있지요. 어디 가서 이런 돈을 벌 수 있겠어요. 평생 바다와 함께하다 보니 그냥 물속에 있는 것이 편해요. 물질할 땐 아무 생각이 없거든요. 그냥 물질만 하면 돼요. 아무 생각 없이… 물속만 바라보며 열심히 정말 열심히, 해산물만 찾아요. 다른 생각이 아예 안 들어요. 모든 걱정이 사라지지요. 그저 몸만 열심히 움직이는 것 말고는…"

배가 공동작업장으로 되돌아왔을 때 윤 회장은 해녀 한 명을 불렀다. 그사이 채취한 어획물을 보여 달라고 한다. 물질하던 해녀가 뱃전으로 숨비소리와 더불어 유유히 유영하여 다가온다. 수확물을 배 위로 올리는 사이 선장은 배 위에 있던 작은 나무 계단을 기울여 내리면서 잠깐이라도 배

짧은 물질로 수확한 어획물을 보여주고 있는 해녀

위로 올라오란다. 그들만의 배려가 느껴지는 순간이다. 짧은 시간의 수확물은 대단하였다. 해녀가 풀어놓은 망사리엔 전복, 돌멍게라고 부르는 개멍게, 해삼 그리고 오늘의 주 작업이라는 성게까지 짧은 시간의 작업이라고 하기엔 놀라운 수확이었다. 가끔 문어도 잡는데 오늘은 아직 못 봤다며 웃는 해녀의 모습은 나이를 잊은 듯 해맑다. 수확물을 보여주고선 또다시 물속으로 빨려 들어가듯 물질하러 바다에 몸을 던진다. 해녀의 몸짓은 여전히 날래다. 어릴 때부터 시작한 몸짓은 이미 한편의 예술 행위와 같아 보인다. 자연에 순응하며 보낸 세월의 작품이다.

해녀들의 삶은 일방적인 것이 아닌 자연에 순응하는 삶으로…

다대포 어장은 낙동강 하구의 홍티 또는 홍치(虹峙)라고 부르는 모래톱부터 송도 쪽의 암남방파제까지 밖으로는 지섬, 모자섬, 나무섬까지가 다대포 해녀들의 작업장이라고 한다. 이렇게 넓은 어장을 가지고 있는 다대포 해녀들은 대를 이을 젊은 해녀들이 없음을 걱정한다. 제주도와 거제도에 있는 해녀학교를 다대포에도 만들어서 젊은 해녀들을 키우고 싶어 한다. 고안예(69세) 해녀는 "난 바다가 좋아. 지긋지긋하고 쳐다보기도 싫다가도 바다에만 오면 답답하던 가슴이 뻥 하니 뚫려. 평생을 물질하다 보니 이제는 하루도 바다를 안 보면 답답해. 물질로 내 생활의 모든 것을 해결했고, 지금도 물질로 남에게 손 안 벌리고 내가 쓸 돈은 내가 벌어 살고 있어요. 이 모든 것이 바다가 나에게 준 거다. 그러니 얼마나 좋아요. 지금 내 나이에 어디 가서 내 쓸 돈을 벌어 쓰겠어요. 그러니 난 바다가 참 좋아

배 뒷편에 마련된 탈의장

요. 힘들고 온몸이 아파도 오래 오래만 할 수 있으면 좋겠다는 생각뿐이라
요." 그 누구보다 바다를 끔찍이 사랑하고 있는 모습이 역력하다. 아직은
어획물이 풍부한 편이지만 언제까지 바다에 그저 받기만 할 수 없어, 해
녀들은 수협과 사하구 어촌계에서 시행하고 있는 전복 종패 사업과 치어
방류사업에 적극 동참한다. "어종이 다양한 바다를 만들어야 합니다. 지
금 우리가 조금 적게 수확해도 다음을 위해서는 다양한 어종 사업을 계속
해야 해요. 서로가 조금씩 덜 가지면 되는데 그게 생각만큼 쉽지가 않아
요…" 해녀들은 이렇게 말하면서 답답해한다. "우리는 그저 맨몸으로 바
닷속에 들어가 내 힘만큼만 가져와요. 예전에는 5m도 들어갔지만 지금
은 2m 이상이 되면 힘들어서 더 이상 들어가지를 않아요. 깊은 곳은 다이
버들이 와서 캐 가는데 우리로서는 어쩔 수가 없어 그냥 바라만 봐요. 욕
심낸다고 해결되는 것도 아니고… 어디 그뿐인가 방파제 공사나 해안 정
비 공사를 하면 어획량이 확실히 줄거든요. 그러면 피해 보상이 나오는데,

가장 큰 피해는 우리 해녀들이 봐요. 수협이나 어촌계는 우리보다 고깃배에 더 많이 보상을 해줘요. 우리가 힘이 없어서 그래요. 숫자도 적고, 그러니 어쩌겠어요… 답답하고 하소연할 땐 없고, 많은 곳을 찾아다니기도 했어요. 싸워도 보고, 막 싸우면 피해 보상이라도 조금 해줘요. 답답하지요. 오죽 답답하면 선생한테 이야기하겠어요! 제주도나 거제도에선 해녀들을 보호하겠다고 지원도 많이 한다고 하더구만. 우리는 해녀촌이나 움막 하나 없어요. 실질적인 지원이 좀 이루어지면 참 좋겠는데…" 속이 많이 상하신가 보다. 바다 이야기를 할 땐 목청이 또렷또렷하던 소리가 피해 보상 이야기엔 힘이 없다. 더군다나 요즈음은 해녀 한 명이 몸이 아파 물질을 못 한다고 하면서, 한 명 두 명 아픈 사람은 늘어가고 물질을 이을 사람은 없고… 고단한 해녀의 삶을 엿보는 것 같아 씁쓸하다.

하늘을 올려다보았다. 섬 주변으로 솔개 한 마리가 활공을 하고 있었다. 흐르는 바람에 몸을 맡기고 유유히 날고 있다. 바닷속을 헤엄치는 해녀를 보는 것 같다.

"… 숨비소리 듣노라면 / 나 배 안 고파 / 노을빛에 / 바다가 온통 꽃물이 들어 / 홍옥(紅玉)처럼 붉어지니, 물까마귀 / 그 발이 적시고 가는 / 물너울 건너 / 섬 그림자 끌고 가는 / 지는 해 바라보고…"

오늘 필자는 장대한 바다에서 드뷔시의 관현악을 위한 교향곡 〈바다〉보다 한기팔 시인의 시 「그 바다 숨비소리」의 한 구절이 더욱 가슴에 남는다.

김민수

희곡과 부산에 관한 글을 쓴다.
한 줄의 문장, 단 하나의 단어라도
세상 누군가에게 한 줌 위로가 될 수 있다면 그것으로 족하다.
더 바랄 것이 없다.

태종대에는
인어가 산다

김민수

자갈마당과 하리 해녀들

뜨겁다. 태양도 뜨겁고 자갈도 뜨겁다. 말복을 막 지난 8월 한낮의 태종대 태원자갈마당은 염천 더위의 성성한 열기를 뿜어내고 있다.

"등대를 다녀왔다고? 거긴 바람 마이 불지요. 북동풍이 불고 있으이 바람이 심할끼라."

차양막 그늘 아래 물이 철철 흘러넘치는 해물 대야를 지키고 있던 해녀가 말했다. 해녀를 만나기 위해 등대를 찾았다가 해녀는 만나지 못하고 등대를 지키고 선 인어상만 조우하고 돌아 나오던 길이었다.

"왜 이렇게 손님이 없어요?"

태원자갈마당 해녀들

"날이 더버서 누가 오나, 오늘은 배도 안 뜨고. 아직 마수도 못 했소."

뜨거운 열기 때문일까. 자갈마당엔 사람 하나 없다. 앞바다에 점점이 떠 있는 무역선과 나무섬만이 보일 뿐이다. 시계를 보니 3시 어름, 새벽 6시에 나와 아직 마수도 못 했다는 해녀의 말에 해물 한 접시를 주문했다. 다리가 아파 물질을 그만둔 지 10년쯤 되었다는 70대 중반의 또 다른 해녀가 손질한 멍게, 해삼, 뿔소라를 접시에 담아 내온다. 소주가 생각나지만, 주차장 뙤약볕 아래 기다리고 있는 차를 생각하니 그럴 수는 없고. 좋아하는 해삼 한 점을 찍어 입에 넣으니 탱글탱글한 육질이 입안의 근육들을 긴장시킨다. 또 한 점, 핑크와 주황빛이 감도는 뿔소라를 집어 든다.

"뿔소라는 좀 깊은 데 살지 않아요?"
"그렇지. 뿔소라는 저 깊은 데서 건져 올려요. 원래 이 근처엔 이게 마이 안 나는데 올해는 많네. 봄에 마이 건져 올릴 때는 한 번에 30kg 정도씩 했어요."

"뿔소라를 많이 건져 올리신다면 상군(상급 해녀)이신가 봐요?"

'상군은 뭐…' 라며 겸연쩍게 웃는 해녀는 지금은 한여름이라 바다 밑이 풍성하질 못하단다. 성게도 산란 철이라 없고 해삼은 끝물이고, 멍게나 돌멍게 정도를 채취한다. 수익 면에서 보면 말똥성게(앙장구)가 나오는 겨울이 되어야 좀 낫다고 하는데 그것도 바다가 오염되지 않아 풍성했던 1970년대가 좋았다고 한다.

"형님. 그때 왜 우리 대동양말공장인가, 거기 마이 갔다 아잉교. 그때 딱 일주일을 가서 일했는데, 손에 쥐키 주는 돈이 1,400원인가 그랬다고. 그때 말똥성게가 마이 났어요. 운단(雲丹. 성게알젓)으로 일본에 수출도 마이 되고. 말똥성게를 잡으면 하루 물질로 천몇백 원씩을 받았다고. 그러이 다시 물질을 안 할 수가 있나. 공장일이 답답기도 하고."

영도 바다를 기반으로 물질하는 해녀들은 여러 곳에 흩어져 있다. 크게는 조개구이로 유명한 중리해녀촌과 태종대 감지해변에서 해양대 주변까지 흩어져 조업을 하는 하리 쪽 해녀들로 구분할 수 있다. 그중에서 하리 쪽 해녀들의 활동 실태를 보면 현재 태원자갈마당에 11명, 곤포 6명, 감지해변 7~8명, 해양대 입구 3명, 해양대 안쪽에 2명이 조업 및 장사를 하고 있다고 한다. 고령이거나 몸이 아파 물질을 쉬고 있는 해녀들을 빼면 직접 물질로 조업을 하는 인원은 약 25명 정도라고 한다.

"내가 65살이고 나보다 두 살 많은 언니가 있고, 한 살 아래 동생이 있는데, 우리 셋이가 해녀들 중에 젤 나이가 어려. 셋 다 엄마가 제주 출가해 녀고 우리가 2세야. 다른 해녀들은 거의 다 80대로 모두 제주 해녀 출신이지."

제주출가 해녀의 첫 정착지, 영도

원래 제주도 사람은 바다를 건너 뭍으로 나오는 것이 금지되어 있었다. 특히 여자들에게는 그 규정이 더욱 엄격하게 적용되었다. 제주도는 농사를 짓기에 땅이 척박하고 태풍의 피해, 왜구의 노략질 등이 잦아 사람들이 살기엔 어려운 섬이었다. 관리들의 수탈도 심하였다. 결국 조선 중기에는 육지로 도망을 가는 제주도민이 늘면서 인구가 급격히 줄어 버렸다. 이에 조선 조정에서는 1629년 제주도민의 출륙금지령을 시행하였고, 이 제도는 약 200년간 계속되었다.

출륙금지령이 해제되고 난 후인 1876년 강화도조약에 의해 개항이 되자, 제주 바다는 이제 일본 어민들에 의해 점령되었다. 해녀들은 제주 바다에서의 생존권을 위협받게 되었고, 점차 제주를 떠나기 시작했다. 다른 지역으로 나가는 해녀들의 '출가'가 시작된 것이다. 구한말 갑오개혁에 따른 단발령은 해녀들의 출향을 촉발시켰다. 단발령으로 인해 갓끈의 원료인 제주 특산품인 말총의 수요가 줄어듦에 따라 일거리가 사라졌기 때문이다. 이후 1948년의 4·3사건, 그리고 1960~1970년대 해산물 수요의 증가 등은 해녀들의 출향을 더욱 촉진시켰다.

출가 해녀들은 주로 경상도와 전라도 해안가를 따라 점진적으로 정착하였는데 그중에서 1890년대 부산의 영도로 찾아든 것을 출가의 시초로 본다.

"나는 아홉 살 때부터 제주 해녀였던 엄마를 따라서 물질을 배웠어. 엄마는 억척이셨는데 스물 몇 살 때 돈 벌러 영도에 왔다가 미리 나와 있던 제주 출신 아버지를 만나 결혼해 우리를 낳았지."

곁에 있던 70대 중반 해녀가 카랑카랑한 목소리로 거든다. 예전엔 해삼 철인 봄이 되면 제주에서 해녀들을 실은 배가 영도로 들어와 몇 개월씩 조업을 하다가 추석 무렵이면 다시 제주로 돌아갔다고 한다. 그때 조업하는 기간 동안 눈이 맞는 총각이 있으면 영도에 그대로 눌러살기도 했다고.

봉래산 아씨당 전설에 서린 제주 여인들의 한

제주도를 빠져나오길 원했던 제주 여인들의 소망은 영도의 봉래산 아씨당 전설에서도 찾아볼 수 있다.

이야기 속에는 '최영 장군이 탐라를 정벌할 때, 그의 여자가 되었다는 탐라국 여왕이 이후 최영 장군이 섬을 떠나 돌아오지 않자, 그를 찾아 영도에 왔다. 하지만 영도에는 최영 장군이 없어 만나지 못하고 원혼이 되었다.'는 탐라국 여왕의 영도 진출에 대한 이유가 나온다.

섬에서 바다로 사라졌거나 육지로 도망가 버린 남편을 그리워하던 제주 여인들의 한은 자신들보다 우월한 존재라고 믿어지는 탐라국 여왕에게 대리 투영되었고, 여왕은 그들 대신 먼저 영도로 들어왔다. 그리고 이러저러한 사연 끝에 여왕은 영도의 수호신이 되었다. 소망은 꿈이 되고 이야기가 되었다가 전설로 남는다. 탐라국 여왕이 지켜주는 영도에 제주 여인들이 들어와 살게 된 것은 물론이다.

해녀의 삶과 현실

정치적으로도, 정책적으로도 핍박받고 살아야 했던 제주 여자들, 해녀들의 삶은 강인하고 억척스럽다. '저승에서 벌어 이승에서 쓴다'는 해녀들의 속담이 있다. 살아 있다는 것은 무엇인가. 살아있다는 것은 들숨과 날숨이 저절로 육체를 들락날락하며 쉼 없이 활동하는 것을 말한다. 해녀들은 숨을 참고, 바닷속을 물고기처럼 유영하며 전복을 캐고 멍게, 해삼을 딴다. 1분 남짓의 짧은 시간 동안 5~10m 깊이의 바다를 들락거리며 이승과 저승을 경험한다.

"사람들은 해녀가 물속에만 들어갔다 하면 바로 조개를 건져 올린다고 생각하지만 그렇지 않아요. 숨 참고 몇 번을 갔다 와도 조개 하나 못 건질 때가 많지."

"바다 밑은 다 백태야. 백태. 깨끗해. 여기 자갈마당에 자갈 있지요. 이런 것처럼 바다 밑에 들어가도 바윗돌에 아무것도 없어. 돌에 파래나 감태, 미역이나 이끼 뭐 이런 것들이 살아야 먹이사슬 때문에 조개도 붙고 이럴 낀데 지금은 하얘. 아무것도 없어. 깊은 데 갈수록 더 깨끗해. 불과 4, 5년 전만 해도 이 정도는 아니었는데. 지금은 물도 오염되고, 레저를 즐긴다고 사람들이 바다에 마이 오기도 하고, 또 밤이면 다이버들이 산소통을 울러메고 들어가 바닷속을 싸악 긁어가 버린다고. 신고해 봐야 그때뿐이고. 그 사람들은 취미다, 재미다, 뭐다 해싸치만, 싸그리 긁어가는 걸 취미라고만 볼 수 있나. 그냥 우리 영세민들만 죽어나는 기지. 이러니 해녀를 누가 하려고 하나. 우리야 배운 게 물질이니 하는 데까지 하는 거지만. 내 자식이 한다 하면 절대 못 하게 하지. 고생시러바서."

해녀와 인어

해녀들은 이승과 저승을 숨차게 들락거리는데, 바닷가에서 해녀들을 목격하는 낭만적인 여행객들은 그들에게서 인어의 모습을 떠올리기도 한다.

'어느 마을의 부부가 사랑을 진하게 나눈 후 잠들었다. 아침에 일어나 보니 여자의 얼굴과 피부는 전과 다름없는데 하반신이 물고기로 바뀌었고, 유방 밑으로 비늘이 자라 비린내가 났다. 부인은 울부짖으며 변신의 과정을 "잠잘 때 통증은 없었고, 다만 하체가 가려워 긁었더니 점차 두드러기가 생겼습니다. 어느새 두 다리가 합쳐지더니 굴신을 하지 못하겠고, 문지르자 물고기 꼬리가 돼버렸습니다."라고 말하며 울부짖었다고 한다.'

태종대 영도등대 인어상

청나라 시대의 원매가 쓴 『신제해(新齊諧)』에 나오는 이야기다.

살다 보니, 삶의 바다를 건너기 위해 애쓰다 보니, 어느 날 문득 바다가 삶의 터전이 되어 버린 해녀들. 그들이 바로 현대에 소환된 인어들이 아닐까.

해녀들은 물질로 건져 올린 해물을 횟집에 넘기기도 하고, 직접 바닷가 해녀촌에서 공동체로 운영하는 장사를 하기도 한다. 장사를 통해 얻는 개별 수익은 한 달 70~80만 원 정도. 최저 임금 수준도 안 되지만 이제 나이도 들었고 배운 게 물질이라 하는 데까지 하고 말 거란다. 2016년 제주 해녀문화가 유네스코 인류무형문화유산으로 등재되었고, 2017년 국가무형문화재 제132호로 지정되기도 하는 등 해녀문화의 보존에 대한 각계의 노력과 관심이 증대되고 있다. 그런데 열악한 해녀들의 경제 상황을 듣다 보니 영도에서 조업하는 해녀들에 대한 정부나 지자체에서의 지원은 없는지 궁금해졌다.

"몇 년 전부터 일 년에 한 번씩 바다에 종패는 넣어 주지. 그럼 3분의 2는 죽고, 3분의 1은 살고. 그리고 잠수복, 1년에 그거 한 벌씩 지원하는데,

그것도 우리 하리 해녀들이 25명인데 한 해 12명 해 주고, 또 그다음 해에 12명 해 주고. 이런 식이지. 잠수복 그거, 2년 못 입어요. 해마다 한 벌씩 해야지. 결국 이 년이라 치면 한 번은 개인 돈으로 사야 되는 기지. 잠수복에 물갈퀴, 수경까지 다 하면 제법 해. 그거 말고는 해 주는 기 없어."

해녀와 세이렌

말을 마친 해녀가 전망대 쪽 산봉우리를 쳐다본다. 눈길이 바람을 닮아 허허롭다. 9호 태풍 레끼마가 남기고 간 바람은 태종대 바다를 밀어 올려 해녀들은 오전 물질을 쉬었다. 해녀는 바람으로 물속을 읽는다.

"오늘은 갈 때 이거 천막 다 걷어야겠제?"
"예, 걷어야지요. 바람이 심상찮네."

근처 곤포에서 출발한 유람선은 신나는 음악 소리를 내지르며 자갈마당 앞바다를 지난다. 갑판에 서 있는 관광객들의 환호성은 한여름의 햇볕보다 더 뜨겁다. 덥다. 얼음을 가득 채운 차가운 커피 생각이 간절하다. 그러다 문득 소스라친다. 세계적인 커피 브랜드 스타벅스의 로고인 바다의 요정 세이렌이 떠올라서. 서구에는 그리스신화의 이야기 속 세이렌이 있다면 우리에게는 살아 있는 해녀가 있다. 그런데 살아 있는 해녀가 상품의 로고나 관광지의 캐릭터로만 남게 될 날이 올지도 모르겠다는 생각이 든다. 그 불길한 느낌, 필자만의 기우일까.

안덕자

동화작가. 깊은 산골 할아버지 댁에는 바람이 세게 부는 날,
아름드리 소나무에서 파도 소리가 들리곤 했다.
동해에서 불어온 바람이 파도 소리를 싣고 와 그러려니 했다.
아직도 그걸 믿으며 같은 생각을 하는 아이들과 글을 쓰며 지낸다.

청사포
숨비소리

안덕자

행복한 도시어촌 청사포

'행복한 도시 어촌 청사포', 부산의 대표적 어촌 마을인 청사포를 알리는 글귀다. 마을 어귀에 서 있는 큰 탑에는 청사포라는 마을 이름 아래 푸른 뱀이 하늘을 향해 솟구치는 조각상들이 보인다. 최근에는 마을 이름에 뱀이란 단어가 들어 있는 것이 좋지 않다고 '푸른 모래의 포구'란 뜻으로 쓴다. 청사포의 원래 이름은 '푸른 뱀'이란 뜻이다. 이 작은 청사포 마을에 자칭 육지에서 자생적으로 생겨났다고 자부하며 물질을 하는 해녀들이 산다.

청사포 경치와 숨비소리가 어우러진 다릿돌 전망대에 서면 동해로 펼쳐진 드넓은 바다가 가슴 안으로 들어온다. 멀지 않은 푸른 바다 위에는 주황색 테왁이 동동 떠 있다. 열대여섯 개나 되는 테왁은 물결이 일렁일 때마다 조금씩 물속으로 가라앉았다 또다시 동동 떠 있다. 잠시 후 해녀가

청사포 마을 어귀에 있는 마을 탑

물속에서 고개를 내민다.

　'호이이, 호이이…'

　숨비소리! 해녀들이 물속에서 숨을 참았다가 물 위에서 첫 숨을 내는 숨소리다. 휘파람 같기도 하고 지저귀는 새소리 같기도 하다. 해녀들이 내는 숨비소리는 구슬프기도 하다. 저승에서 일하다 돌아와 이승에서 내는 첫 숨이기 때문이다. 청사포 해녀 중 가장 어린 해녀, 60대 중반인 정영자 해녀는 "우리는 저승에서 일해 벌어서 이승에서 쓴다아

이가"라고 말한다. 숨비소리는 해녀들이 이승에 두고 간 생명의 한 줄기를 소리로 불러내어 다시 이어가는 소리다.

　청사포 해녀들의 삶의 터전은 다릿돌 주변이다. 전망대 아래 바닷속에는 거뭇거뭇한 모자반이 자랄 만큼 자라 물결에 따라 이리저리 춤을 춘다. 모자반은 든든한 암초에 뿌리를 내려 지난해 가을부터 자란다. 모자반이 많다는 것은 큼직큼직한 암초들이 풍부하여 바다생물들이 많이 서식한다는 의미이기도 하다. 모자반은 여름철에 낙엽처럼 물아래로 사라진다. 조금 멀리 시선을 돌리면 물결에 잠길 듯 잠길 듯 조그만 바위섬 다섯 개가 보인다. 맨 오른쪽 바위 위에는 등대가 우뚝 서 있다. 다섯 개의 바위섬을 안돌, 넙덕돌, 거뭇돌, 상좌 그리고 등대를 받치고 있는 돌을 석우돌 이라

다릿돌 전망대

고 부른다. 이 다섯 바위를 다릿돌이라 한다. 청사포 해안에서 해상 등대까지 가지런히 늘어선 것이 마치 징검다리 같다고 하여 붙여진 이름이다. 이곳은 해조류가 많이 서식하지만 조류가 빠른 지역이다. 다릿돌 지역은 수십 년 동안 청사포 해녀들의 삶의 터전이 되었고, 지금도 늙은 해녀들만 남아있지만 여전히 이곳 해녀들의 물질 장소이다.

동동 떠 있던 주황색 테왁이 크게 움직인다. 테왁 아래에는 망사리가 있다. 큰 망사리에는 성게, 소라가 들어있고 작은 망사리에는 전복, 해삼이 들어있다. 물속에서 해녀들이 올라온다.

'호이이, 호이이.'

테왁에 달린 망사리에 물밑에서 잡은 성게와 소라를 넣고 금세 자맥질

해녀들이 캔 성게와 문어

을 하며 물속으로 사라진다. 이렇게 이들은 서너 시간 작업을 한다. 힘이 들면 다릿돌에 올라 잠시 쉰다. 다릿돌까지 배를 타고 가 물질을 한 해녀들은 배를 타고 다시 포구로 들어온다. 다릿돌 지역은 해녀 중에서도 상군 해녀들이 물질을 한다. 물살이 빠르고 깊어서 조류방향을 잘 못 잡는 하군 해녀들은 자칫하다가 조류에 쓸려가 버리기 때문이다.

이곳 해녀들은 6월에서 10월까지 물질을 한다. 하루에 서너 시간 물에서 일하고 뭍으로 나온다. 캐온 해조류는 마을버스 종점 옆에 있는 청사포 마켓에 와 정해진 자리에 좌판을 깔고 팔기 시작한다. 손수 캐온 해조류를 까고 다듬어서 손님들에게 직접 내준다. 해녀들은 캐온 성게, 소라, 전복 등을 깐 뒤 접시에 담아 손님을 기다린다. 손님들은 마켓 안에 펼쳐 놓은 파란색 간이 테이블에 앉아서 해녀들이 잡아 온 싱싱한 해조류를 맛본다. 해녀들은 때로 횟집에 들어가 손님들에게 팔기도 한다. 접시 뒤에 각자 해녀들의 이름을 적어 둔 게 재미있다. 물 밖에 나와서도 해녀복은 벗지 않고 일한다. 손님들에게 그들이 파는 해조류는 해녀들이 직접 물질해 온 싱싱한 것이라고 알리기 위해서다. 이들 청사포 해녀들이 잡아 온 전복이나 성게 등은 언제든지 가서 맛볼 수는 없다. 해녀들이 물질을 나갔다 온 날을 잘 잡아야 맛볼 수 있다. 다른 곳처럼 수족관에 가득 넣어 두었다가 팔지 않는다. 그날 캐온 해조류는 그날 다 팔려고 축축한 해녀복을 입은 채 저녁 늦게까지도 파는 것이다.

해녀휴게실 '청사포 마켓'

아침 식사를 끝낸 해녀들이 출근하듯이 청사포 마켓 안에 있는 해녀휴게실에 모였다. 말이 휴게실이지 컨테이너 박스다. 6월 말, 초여름인데도 방바닥이 뜨끈뜨끈하다. 대부분 베개를 베고 누워있다. 누워있는 김화자, 정양순, 김수자, 김숙자, 이신자 해녀들은 나이가 일흔이 넘은 분들이다.

해녀휴게실 '청사포 마켓'

조금 미안해하며 웃으신다.

"마, 우리는 허리도 아프고 관절도 쑤셔서 손님이 와도 이래 누워있다."

낮에는 절대 눕는 법이 없다는 김업이 해녀는 곱게 화장을 하고 커피포트 앞에서 들어오는 사람한테 커피를 권한다.

오전 9시경, 조류가 세어 일주일 동안 물질을 못 한 해녀들이 모여 의논을 한다. 제일 젊은 정영자 해녀가 형님들에게 묻는다.

"오늘 물 나가이시더. 일주일이나 못 나갔는데예. 조류가 세서 배는 안 되고 방파제 쪽에서 내려가 하입시더."

해녀들은 모두에게 의견을 묻고 다들 나가겠다고 하면 물질 준비를 한다.

물질을 마치고 널어놓은 물옷

"그라모, 11시에 나갑니더."

정영자 해녀의 말에 누워 있던 해녀들이 하나둘 일어나 물질 준비를 하려고 집으로 간다. 조금 뒤, 물옷 바지를 입은 해녀들이 하나둘 청사포 마켓으로 모여든다. 나이 많은 해녀들은 물옷 입는 것이 힘에 부쳐 윗옷은 서로 입혀준다.

오늘은 열한 명이 물질을 나간다. 배를 타고 다릿돌까지는 못가고 해안가로 걸어 내려간다. 조금 헤엄쳐 들어가 해안가와 다릿돌 중간에서 물질을 한다. 우리나라의 해녀들은 거의 제주도 해녀가 육지로 시집을 오거나 얼마 동안 일을 해주러 온 뒤 돌아가지 않고 정착을 하면서 생겨났다. 그러나 청사포 해녀들은 이들 해녀와는 다르다. 정영자 해녀와 김숙자 해녀의 말로는 오래전부터 청사포 해녀들은 제주도 해녀나 외부인한테 물질을 배운 게 아니고, 마을에서 태어나 자생적으로 생겨난 해녀들과 청사포로 시집을 오면서 자연스레 배운 해녀들이라고 한다. 언제부터인지는 모르지만 해녀들의 어머니들도 물질을 하며 살았다. 그런 어머니 밑에서 자란 딸들은 자연히 어머니가 하는 물질을 보고 배웠다. 어린 시절부터 더우면 바닷가에 나가 멱을 감으며 조금씩 해초를 따면서 물질을 배워나갔다. 정영자 해녀처럼 타지역에서 청사포로 시집을 와 물질을 배워 지금까지 청사포에 살며 해녀로 살고 있는 이도 있다. 여기서 태어난 해녀들은 젊었을 때에는 앞으로 물질은 하지 않겠다며 직장을 다니기도 했단다. 라면공장에도 다니고, 유리공장에도 다니고, 담배 필터 공장에도 다녔단다. 그러다 타지역으로 시집을 가 살다가 남편의 일자리가 마땅찮아 벌이가 없어지자, 부부가 같이 돌아와 청사포에 정착을 한 이들도 있다. 그러다 보니 다들 친척 간이거나 이웃에 살면서 속속들이 삶을 다 아는 사이이다. 총

42명이 해녀로 등록되어 있지만, 지금은 19명의 해녀가 물질을 한다. 이들 19명의 해녀는 청사포 앞바다에서 물질을 할 수 있는 필증을 받은 분들이다. 해녀는 1년에 60일은 물에 나가야 이 필증을 유지할 수 있다. 단결도 잘 되어서 물에 나갈 때는 꼭 의논을 거쳐 함께 나간다. 해녀 중 집안에 상이 나면 아무리 물이 좋아도 그날은 물질을 하지 않는다. 송정, 미포, 우동 등 해운대지역에서 해녀들이 가장 많은 곳이다. 나이는 거의 70세 이상 고령이다. 60대는 두 명뿐이다.

테왁을 안고 수평선으로

물질 준비가 거의 끝나면 마켓 안에서 허리에 7~8kg이나 되는 납덩이를 차고 망사리가 붙은 테왁을 어깨에 걸치고 호맹이(소라, 문어, 성게 등을 잡을 때 쓰는 도구)와 빗창(바위에 붙어 있는 전복을 딸 때 쓰는 도구)을 챙겨 바다로 나간다. 청해식당 맞은 편 방파제 한쪽에 해녀들이 바다로 내려가는 계단이 있다. 식당 여사장이 나와 해녀들이 내려간 계단 앞에 주차를 못 하도록 의자를 세워두었다. 의자 등에는 하얀 종이에 '해녀가 나오는 곳'이라고 쓰여 있다. 해

물질하러 이동하는 해녀들

녀 11명이 얕은 곳에 앉아 물질 준비를 다시 하고 있다. 가지고 온 쑥으로 수경을 닦는다. 수모는 바깥쪽으로 돌돌 말아 물을 묻힌 뒤에 머리 꼭대기에서부터 내려쓴다. 그 위에 입만 나오는 둥그렇고 커다란 수경을 쓴다. 준비를 마친 해녀들이 하나둘 테왁을 안고 수평선으로 멀어져간다. 물살이 제법 세다. 오전 11시에 물에 나간 해녀들은 4시간 동안 물질을 한다. 모두가 그 시간 동안 물질을 하는 것은 아니다. 상군 해녀들은 조류가 제법 센데도 다릿돌 근처까지 가 물질을 한다. 한 시간 조금 지나자 제일 연장자인 김화자 해녀가 테왁과 망사리를 지고 물 밖으로 나온다. 청사포 마켓 바깥 바닥에는 같은 간격으로 노란 페인트로 줄을 그어 놓은 곳이 있다. 이곳에 오늘 캐온 해조류를 쏟아 놓는다. 해녀들은 노란 선 안을 하나씩 차지해 물질해온 것들을 내려놓고 판다. 김화자 해녀는 망사리를 쏟으며 한마디 한다.

"나는 허리가 아파서 많이는 못 한다. 나이도 들고, 욕심 안 부리고 오늘은 이만큼만 해가 팔라고."

못으로 직접 구멍을 낸 노란 양은체에 기다란 커피 스푼으로 성게를 까모은다. 물에다 살살 흔들면 까만 내장은 빠져나가고 노란 성게알만 체 안에

방파제 아래로 내려가는 해녀들

물질 장소로 헤엄쳐 가는 해녀들

남는다.

"이거 한 접시에 만원이다. 우리는 싸게 판다. 소라도 만원."

두어 시간이 지나자 김업이 해녀와 언니 김수자 해녀가 물에서 같이 나온다. 망사리 안이 제법 풍성하다. 허리에는 연철을 찼고, 망사리는 무거워 물 안에서 몇 번이고 올라오려고 용을 쓴다. 김업이 해녀가 다시 올라오려고 시도를 한다. 다행히 서너 번 만에 허리 반쯤이 물 위로 올라와 바위 위에 몸을 붙여 기다시피 올라온다.

"아이고, 힘들다. 배 타고 나가 많이 잡으면 크레인으로 옮기는데 여기서 나갔다 오면 메고 가야 돼. 많으면 다라이에 옮겨가 리어카로 끌고 안 가나. 이 정도는 메고 가야지. 전에는 여기가 바로 바다였다 아니가. 배가 여 끝까지 오모, 경사진 데서 끌어 올리가 또 리어카에 실리가 그래 옮깄다. 전에 매미(태풍)가 와가 여기가 방파제가 됐다 아이가. 나는 겁이 많아 가지고 다릿돌에는 안 간다. 그래서 여기 가까이서 이만큼만 해온다."

해녀 두 분이 힘에 겨워 겨우 뭍으로 올라와 테트라포드 사이에 있는 계단을 오른다. 청해(해녀들이 바다에서 나오는 곳 맞은편 식당) 사장님이 세워놓은 의자 쪽으로 나와 마켓으로 무거운 망사리를 메고 간다. 망사리 속 무게와 허리에 찬 연철 무게가 보통이 아니다. 오늘 김업이 해녀는 해삼, 전복, 총각성게, 문어, 돌미역에다 귀한 보라성게까지 잡았다.

"이게 보라성게 아이가. 옛날에는 많았는데 이제는 잘 없다. 거의 멸종이다."

햇빛에 비친 성게 가시가 짙은 보랏빛이다.

"오늘 보이 하나가 비네. 이쁘제? 나는 옛날에 한 번 물속에서 질리가지고 깊은 데는 무서버가 아예 안 간다. 마, 언니하고 해안가 중간쯤에서 이래 잡아가 두 시간쯤 하고 나온다. 다릿돌 근처까지 간 해녀들은 아직 나올라면 멀었다."

그사이에 젊은 중국 관광객들이 폰을 거치대에 끼워 사진을 막 찍어댄다.

"자들은 사 먹지도 안 하면서 찍기만 찍는데이. 얼굴은 찍지 마라카이!"

김업이 해녀가 소리친다.

해녀들이 일하다 본 바닷속은 아름답게 물든 그 어느 가을 산보다 아름답다. 특히 청사포 바닷속은 가을 단풍이 곱게 든 계곡보다 더 아름답다. 물결에 흔들리는 색색의 해초들이 바람결에 움직이는 것 같다. 정영자 해녀는 "다릿돌 저 너머까지 가서 물 안에 있으면 감성돔 같은 큰 물고기 두 마리가 막 따라 온데이. 술뱅이도 따라오고. 야들이 성게를 좋아 하드라고. 잘 못 캐가 부서진 성게가 있으면 야들이 쫓아가서 성게 부스러기를 막 먹는다. 그라고, 조그맣고 색깔이 이쁜 고기도 많이 따라다닌다. 어항에 키우고 싶드라. 야들은 물질 끝날 때까지 따라다닌다. 물 안에도 낙엽이 지거든. 우리는 풍락초라 하는데 이런 게 지면 참 멋있다. 또 야들이 있어야 그 밑에 해조류가 살지."

젊었을 땐 물건을 가장 많이 해오던 정양순 해녀도 거든다.

"빨간 산호초도 이쁘고. 전에는 그것도 캐가 와서 팔았다 아이가. 하얀 산호도 있었고 누런 산호도 있었는데, 방어 떼도 몰리 다니고 우리는 무서버서 피하기도하고 그랬는데 지금은 없다. 다 사라지뿟다. 옛날처럼 물건도 많이 없고. 그래도 울산 쪽에서 샛바람이 불면 물도 깨끗하고 물이 안 차바서 전복 같은 기 바위 밑에 있다가 슬슬 많이 나와 있거든. 그럴 때는 일도 좀 수월코 물도 안 차바서 물질하는 우리도 좋고. 근데 갈바람이 불면, 그러니까 저기 해운대 쪽에서 바람이 불면 안 좋다. 물도 뿌옇고. 찹고 해가지고 야들이 다 밑으로 기어들어가 안 나온다. 들물 때도 좀 낫고. 마 그렇다."

해녀들도 직업병을 달고 산다

"우리는 약 안 무면 일 몬한다. 우리 엄마는 두통이 너무 심해가 마흔에 물질을 끝냈다. 이 두통이 추분 겨울에 들어가면 좀 덜하고, 더븐 물에 들어가면 더 심하고 그래."

해녀들은 두통과 관절통 허리통증 등을 달고 살아 약을 끼고 산다. 게

| 물에 들어가기 직전 물안경을 손질하는 모습 | 마켓 안에서 물옷을 입는 모습 |

다가 피부병까지 있다. 물질을 하고 온 날은 몸에 땀띠처럼 붉은 것이 막 돋는다. 이유는 오랫동안 바다에 있다가 보면 오줌을 제대로 처리할 수가 없다. 물질을 하다가 해녀복을 입은 채 옷 안에다 오줌을 누는 수밖에 없다. 뜨뜻한 오줌은 해녀복 안에서 빨리 빠져나가지 않고 온몸을 돌아다닌다. 오줌이 오래 피부에 와 닿아 있어 생긴 피부병이다. 해녀복 안에 스타킹을 신으면 괜찮다고 하는데 더울 때는 땀이 비 오듯 하는데 스타킹까지 신을 수가 없다. 안티푸라민을 수시로 바르고 해도 자꾸 덧난다.

"우리는 아를 배가 남산만 해서도 물질했다. 내가 죽어도 물질을 안 할 끼라고 시집을 갔는데, 묵고 살 끼 없드라고. 별수 있나? 그래도 바다는 먹

을끼 있다 아이가. 몸만 들어갔다 나오면 묵을 거 건져가 나오고. 자꾸 하다보이 6, 70이 넘어 뿟네. 그때는 아를 낳기 사흘 전에도 물질했다. 남산만 한 배를 옷을 싸매고 안 들어갔나. 고무 옷도 없었다. 한복 속바지 같은 까만 거에 하얀 한복 저고리 입고 들어갔다. 하하하, 그래도 아는 잘 낳았지. 그 아가 지금 마흔이 넘었는데 시집 가 잘살고 있다."

해녀들은 지금은 웃으면서 말을 하지만 주변의 시선 때문에 마음에 병도 안고 있다.

"처음에는 학교도 다 못 나오고, 물질하는 우리보고 버지기(옷을 벗고 일한다고 해녀들을 속되게 부르는 말) 한다꼬 손까락질도 하고, 금목걸이하고 있다고 희한하다고 해 쌌질 않나. 우리는 뭐 맨날 거지같이 사는 줄 아는갑지? 그래 설움 받고 살았지만 지금은 우리 괜찮다. 우리가 벌어서 당당하게 산다 아이가? 이 나이에 우리만큼 일해가 버는 사람 있나? 없다."

다릿돌 지역은 송정과 청사포 경계에 있어 옛날에는 자리다툼도 심했다. 전복, 소라, 성게, 문어 등의 해산물이 많기 때문에 더 그랬다. 다릿돌의 돌미역 채취권을 놓고 1930년에는 법정 소송까지 갔다. 그때 승소해서 다릿돌은 청사포 영역이 되었다. 지금도 청사포 해녀들의 주요 물질 장소이기도 하다. 청사포 바다는 송정 바다와 이어져 있어 자리싸움이 없을 수 없었다. 송정 바다는 주로 모래가 펼쳐져 있고 청사포는 암초와 바위들이 많다. 모래에는 해조류가 서식을 못한다. 물속에 바위와 암초들이 많으면 그만큼 해조류들의 좋은 서식처가 된다. 전에는 송정 해녀들이 넘어와 캐가면 쫓아가서 채취한 물건을 빼앗아 오기도 했다.

물질을 할 때 오리발을 신지 않는다

"우리는 서로 의논해가 오리발 안 신는다 아이가. 그냥 학교에서 아이들이 신는 실내화 안 있나? 하얀 거, 그거 아니면 젤리 고무신 구멍 뿅뿅 난 거. 그런 거 신고 우리 힘닿는 데까지만 한다. 왜냐하면 오리발 신으면 물 안에서 편하게 오르락내리락 빨리할 수 있다 아니가. 그라면 자꾸만 물 밑에 꺼를 많이 캐가 올라오고 싶은 마음이 생기니깐. 작은 것도 갖고 오게 되고. 자원 그거 보호도 해야 된다 아니가. 우리는 어중간한 거는 그냥 크라고 둔다. 자꾸 잡아 뿌면 없어진다 아니가."

물살이 센 곳에서도 줄 하나에 의지해 본인들의 힘으로 버티며 물질한다.

전에는 버지기라고 놀림을 받으며 일했는데 요즘은 해녀들이 관심을 많이 받으니 부담스럽기도 하고 알아줘서 다행이라고 한다. 하지만 앞으로 해녀가 더 나올지는 기대를 않는다.

"좋은 일자리 많은데 누가 저승 가서 벌어서 이승에서 쓰려고 하겠나? 숨도 안 쉬고 힘들게 물질하는데 젊은이들이 할라 하겠나?"

"그래도, 얼마를 벌어도 내가 벌어서 떳떳하게 쓰니 좋기는 하다. 아들한테 손 안 벌리고. 내가 손주들한테 용돈도 줄 수 있고, 놀러도 다니고, 물질 못 나가면 뜨뜻한 컨테이너에서 누버가 뒹굴기도 하고."

누워있는 것도 잠시, 물질을 할 수 없으면 이제는 밭으로 간다. 겨울엔 미역 양식도 거들고 잠시도 쉬지 않고 움직인다.

정영자 해녀가 남편과 했던 대화가 생각나 한마디 한다.

"보소, 내가 생물을 이래 많이 잡는데 이다음에 죽으면 나는 지옥 가겠다. 우짜노?" 했더니 남편이

"사람이 먹는 거를 잡는 거는 괜찮다." 하고 위로를 해주더라며 밝게 웃는다.

오후 3시쯤, 네 시간 동안 물질한 해녀들이 방파제 쪽으로 속속 들어온다. 동동 떠 있던 주황색 테왁이 무거워진 망사리 무게를 견뎌내느라 거의 물에 잠겼다. 오늘 열한 명의 해녀가 물질을 나갔다. 망사리가 묵직한 만큼 해녀들의 숨비소리도 청사포 바다 위에서 많이 울리는 날이기도 했다.

에필로그

부산의 해녀밥상

최원준

최원준

시인. 음식문화 칼럼니스트
30여 년째 부산을 공부하고 있다.
그러다가 '부산 음식'의 인문학적 매력에 빠져,
여러 시공간 매체에 '근현대사 속 부산 음식'을 알리고 있다.
'두 발 딛고 있는 곳을 잘 알아야 행복해진다'는 신념을 가지고, '부산'에서 쭉~ 살고 있다.
현재 '부산학'과 '현장 인문학'의 교집합을 꿈꾸는 문화공간 '수이재'를 운영하고 있다.

부산의
해녀밥상

최원준

부산은 동서로 길게 뻗은 구조이면서 남쪽으로는 바다와 인접한 해안을 형성하고 있다. 지정학적으로는 동해와 남해의 기점으로 난류와 한류가 교차하고, 먼바다에는 두 조류가 부딪히며 다양한 어족을 불러 모은다. 더불어 우리나라 4대강 중의 하나인 낙동강이 바다와 합류하여 드넓은 기수지역을 형성하기에, 바다의 식생을 더욱 풍성하게 키우는 환경을 조성하고 있다.

이러한 풍족한 어족 중 연근해 어류들도 넘치지만 해안의 조간대를 중심으로 식생 하는 해산물들도 다종다양하다. 주로 해산물로 총칭되는 것들로 고둥류, 갑각류, 두족류, 해조류 등이 그것으로, 이를 대상으로 연안 어업을 하는 어부들도 있지만 주로 해녀들의 손을 빌리는 경우가 대부분이다.

부산은 길게 형성된 해안과 풍부한 연안의 어족자원, 그리고 꾸준한 해산물 소비패턴 등으로 해안 곳곳에 해녀들이 집단으로 자리를 잡고 조업

각종 해산물
위 왼쪽부터 옆으로 멍게회, 문어숙회, 보라성게알
(생식소), 뿔소라와 해삼, 삶은고둥

과 동시에 소비자들에게 해산물을 공급하고 있다. 때문에 부산은 제주에
이어 해녀들의 활동이 왕성한 지역이다. 경치가 좋은 해안가에는 거의가
'해녀촌'이 형성되어 있는 곳이 부산이다.

　이들 해녀들은 그 출신의 뿌리를 찾아 올라가면 제주 해녀들과 직간접
적으로 연결되어 있다. 부산의 해양·조선·수산산업의 발달로 인해 다
양한 지역의 이주민들이 부산에 대거 정착하는데, 이 시기에 제주도민
들의 이주도 적지 않았다. 제주 해녀들도 그 시기에 가족과 함께 부산으
로 이주하거나, 부산에서 가정을 꾸리며 정착하게 된다. 지금은 거의가

60~70대로 80대의 원로해녀도 상당 부분 활동하고 있다.

그 외, 다른 지역에서 활동하던 제주 해녀들이 부산으로 이주해 정착하는 경우도 있다. 주로 포항, 울릉도 등 경북 지역과 통영을 중심으로 한 경남, 그리고 여수, 완도, 진도를 중심으로 한 전남 등지에서 전문적으로 물질을 하던 이들이다. 그리고 선대가 부산에 정착한 해녀들 자손이나 그들에게 직접 물질을 전수받은, 부산 출신 해녀들도 있겠다.

이들 해녀는 기장의 일광, 대변 등 부산 동부 해안을 시작으로 해운대, 민락동, 용호동, 영도, 송도 지역을 거쳐, 서부 해안의 다대포, 가덕도에 이르기까지 부산의 주요 해안에 광범위하게 분포하고 있다. 대표적인 해녀촌으로는 기장의 칠암, 동백, 학리, 죽성, 월전, 대변, 연화리 등과 송정, 해운대 미포, 민락, 용호동 백운포, 영도의 태종대, 동삼중리, 절영해안로, 송도 암남동, 다대포, 가덕도 대항 등이다. 경치가 좋고 해안선이 발달한 곳에는 어김없이 해녀촌이 있다고 보면 틀림이 없다. 이들은 모두 인근의 어촌계에 등록되어 활동을 하고 있는데, 주변 해안의 작업장에서 집단을 이루고 물질로 생활을 영위하고 있다. 매일 오전에 두세 시간씩 '물질'을 하는데, 해녀촌을 일찍 찾으면 해녀들의 물질하는 모습과 '휘~휘~' 그들이 내쉬는 휘파람 같은 '숨비소리'도 들을 수가 있다.

이렇게 물질을 해서 채취하는 해산물은 계절마다 차이가 있지만 대략 15~20여 가지. 멍게와 해삼, 소라, 문어, 낙지, 전복 등이 있고, 다른 곳에서는 보기 힘든 말똥성게, 군소, 돌멍게, 돌낙지 등도 있다. 돌미역, 곰피 등의 해조류와 보말, 대수리 같은 고둥류 등도 포함된다.

이렇게 물질을 해 얻은 해산물들은 어촌계를 통해 넘기거나 직접 소비자들에게 판매를 하고 있는데, 몇몇 해녀촌에서는 약간의 조리를 통해 전

북죽, 생선회, 해물 모둠 등을 판매하고 있기도 하다. 직접 채취한 홍합으로 '홍합국'도 끓여주고, 고둥도 삶아낸다. 그중 활성화가 잘된 해녀촌이 영도의 〈동삼중리 해녀촌〉과 기장의 〈연화리 해녀촌〉, 일광의 〈학리 해녀촌〉, 송도의 〈암남공원 해녀촌〉 등이다.

〈동삼중리 해녀촌〉은 해녀들의 시끄러운 제주도 사투리로 떠들썩한 곳이다. 열대여섯 명의 제주 출신 해녀들이 옹기종기 모여서 해산물을 팔고 있다. 주로 70~80대의 아낙들인데, 이들이 잡아주는 해산물을 먹기 위해 전국에서 식객들이 몰려들 정도로 유명한 곳이다. 돌멍게로 술잔을 만들어 돌멍게 소주 한잔하기에도 좋고, 최근에는 김밥 위에 성게알을 얹은 '성게알 김밥'이 새로운 해녀 음식으로 큰 인기를 끌고 있다.

〈학리 해녀촌〉은 우리나라에서 유일하게 해녀들이 끓여주는 '말미잘 매운탕'을 맛볼 수 있는 곳이다. 붕장어 주낙에 걸려오는 말미잘을 잘게 썰어 독을 빼고 붕장어와 함께 푹 고우듯이 끓여내는데, 일명 '바다의 십전대보탕'으로 불리며 기장 사람들에게 사랑을 받고 있다.

〈암남공원 해녀촌〉은 암남공원 주차장 옆에 있다. 이곳은 주차장이 들어서기 전부터, 경치 좋은 해안에 천막을 치고 해물을 팔았던 곳이다. 그 시절 암남공원 해변에는 많은 해녀가 물질을 했었는데, 이들이 잡은 해물은 아주 싼값에 송도 관광객들에게 제공되었다. 직접 채취는 안 하지만 봄철 '털게 맛집'으로도 유명세를 떨치고 있다.

〈연화리 해녀촌〉은 싱싱한 해산물 이외에도 해녀들이 직접 채취한 전복으로 끓여내는 전복죽이 맛있다. 푸르스름한 빛깔이 군침을 돌게 하는 전복죽인데, 한 술 떠먹어보면 고소하면서도 깊게 감치는 맛이 아주 일품이다.

그 외 〈태종대 해녀촌〉은 부산의 유명한 관광명소이자 영화촬영지로
도 낯익은 장소이다. 파도가 철썩이는 바닷가 돗자리에서 먹는 '해산물 모
듬'은 부산의 대표 음식 중 하나. 용호동 오륙도 선착장에 있는 〈백운포 해
녀촌〉은 부산의 갈맷길 중 가장 아름다운 코스 중 하나이면서, 동해 해안
길을 연결한 '해파랑길' 기종점에 소재하고 있기에 '길 걷기' 인구들에게
널리 사랑받는 곳이다. 오륙도 해역의 빠른 물살 덕에 식감이 좋은 해산물
을 제공한다.

〈다대포 해녀촌〉은 어민활어센터와 더불어 공생하고 있는데, 잎이 넓
은 남방형 돌미역 채취로 유명하다. 가덕도 해녀들은 집단화되진 않았
지만 공동으로 물질을 하면서 식감 좋은 '가덕 해삼' 채취로 큰 소득을 올리
기도 했다. 이처럼 부산의 해녀들은 해안가에서 무리를 지어 물질과 함께
직접 해산물과 관련 음식을 팔고 있다. 그중 부산 해녀촌의 특화음식 중

앙장구   앙장구 알(생식소)

부산만의 독특한 해녀 음식 몇 가지를 소개해 보자면.

'해녀촌' 좌판에는 부산 바다에서 나는 해산물들이 종류별로 넉넉하고 풍성하게 펼쳐진다. 겨울철에는 주황빛이 도는 노란 알을 접시에 담아놓고 파는데, 바로 '앙장구 알(정소)'이다.

'앙장구'는 '말똥성게'의 부산지역 '탯말'이다. 부산사람들에게 아주 친숙한 종류의 성게로, 한때 어느 해안가라도 썰물 뒤의 바위를 뒤지면 쉽게 채취하여 그 맛을 볼 수가 있었다. 요즘도 바위가 잘 발달한 해안가 해녀촌에서는 어렵지 않게 만날 수가 있다.

'앙장구'는 늦가을부터 한겨울까지가 산란기라 제맛을 내는데, 특히 설 전후가 가장 맛이 좋아 다양한 요리의 고급 식재료로 사용되고 있다. '앙장구회', '앙장구 비빔밥', '앙장구 계란찜', '앙장구 미역국', '앙장구 알젓'… 그리고 앙장구를 통째 삶아 먹어도 그 맛의 진가를 느낄 수가 있다.

'앙장구밥'은 대접에 밥을 푸고 그 위에 갖가지 채소와 짙은 노란색의 '앙장구 알'을 밥이 안 보일 정도로 소복하게 올린다. 그 위에 김 가루를 뿌리고 참기름을 두른다. '앙장구 알'이 부스러지지 않게 젓가락으로 살살 비벼 한 숟가락 입에 넣으면, 고소하면서도 향긋한 맛이 쌉싸래하면서도 진한 해감 냄새와 함께 가득 퍼져난다.

　'앙장구 계란찜'은 프라이팬에 계란을 서너 개 깨트려 파, 양파 등과 간을 하여 '스크램블' 만들듯 젓가락으로 휘휘 저어주다가 앙장구 알을 넣고 뒤적여 주면, 특유의 쌉쌀하고 고소한 향이 가득이다. '앙장구 미역국'은 미역을 참기름 넣고 달달 볶다가 육수와 간장으로 국물을 낸 후, 성게알을 넣고 한소끔 더 끓여주면 된다. 이 모두가 해녀들에게서 가져온 조리법이다.

앙장구 미역국　　　　　　　　　　　　　앙장구계란볶음

기장지역에 대표적인 여름 보양식이 있는데, 그 음식의 식재료가 여느 지역과는 달리 특별하다. 기장의 깊은 바다에서 나는 '말미잘'을 주재료로 수육이나 매운탕 등으로 조리해 먹는 '말미잘 요리'가 그것이다.

말미잘은 주로 '붕장어 주낙'에 걸려서 올라오는데, 한때는 붕장어잡이 배의 객식구로 천덕꾸러기 어족이었다. 그러던 것이 색깔도 좋고 통통한 모양새도 그럭저럭해서 '붕장어 매운탕'에 함께 넣고 끓여 먹었던 것이 지금 '말미잘 매운탕'으로 거듭난 것이다.

우선 칼로 말미잘 표피의 점막을 긁어내고 촉수를 제거한다. 그리고는 말미잘을 반으로 갈라 안의 내장을 일일이 손질한 후, 적당한 크기로 자른다. 장만한 말미잘은 체에 걸러 흐르는 물에 불순물을 씻어내고 손으로 바

말미잘 음식

락바락 문질러 독을 뺀다. 제대로 손질하지 않으면 말미잘에 남아 있는 독성으로 음식을 먹은 후 입과 목이 싸~하다.

　요즘 기장 해녀촌에서 한창 인기 있는 음식으로, 칠암이나 〈학리 해녀촌〉에서 '말미잘매운탕'과 '말미잘수육', '말미잘숯불구이' 등을 맛볼 수가 있다. '말미잘매운탕'은 말미잘과 붕장어를 함께 넣고 얼큰하게 끓인 음식이다. 밤새 고운 붕장어 뼈 육수에 된장, 고춧가루를 풀고, 토막 낸 붕장어와 말미잘을 넣고 20~30여 분을 더 끓여서 낸다. '말미잘수육'과 '말미잘숯불구이' 또한 그 맛과 식감이 독특하고 이색적이다. 토막 낸 말미잘을 삶아 내거나 양념에 발라 숯불에 굽는데, 오독오독 부드러운 연골이 씹히듯 톡톡 터진다. '말미잘숯불구이'는 짭짤한 양념 간이 밴 도가니와도 비슷한 맛을 낸다.

　예부터 부산 바다는 한류와 난류가 만나는 곳으로 바다생물에게 유익

각종 해초
위 왼쪽부터 옆으로 진도발이, 톳, 개내이,
까막발이, 까시리, 서모까시리, 서실

한 유기물이 풍부해 다양한 어족자원이 다량 분포하고 있는 지역이다. 해조류도 그 예외는 아니어서 바닷속 훤히 비치는 얕은 수심에도 녹조류, 갈조류, 홍조류 등의 해초들이 실타래처럼 물결 따라 일렁이며 살아가고 있다.

미역, 다시마, 곰피 등을 비롯해 제주산 못지않게 그 품질이 좋은 까시리(풀가사리), 까막발이(까막살), 진도바리(진두발), 개내이(갯냉이), 몰(모자반), 톳, 서실, 우뭇가사리… 등 다양한 해조류가 풍성하게 생산되고 있다.

이들 중 몇몇은 일반인에게는 낯선 해조류겠지만, 부산 해녀들과 해안가 사람들에게는 보릿고개 시절 끼니 삼아 조리해 먹던 바다 식량이었다. 현재 잎이 크고 생산성이 있는 미역, 다시마 등 대량 양식 종을 제외하고는 거의가 늙은 해녀들이 조간대의 바위에서 직접 채취를 한다.

특히 서실, 까시리, 까막발이, 진도바리, 개내이 등은 아직 양식도 안 되고 다른 해초보다 개체도 왜소해 소량 채취할 수밖에 없다. 때문에 해녀들이 직접 전복 껍데기나 주전자 뚜껑 같은 것으로 바위 위를 빡빡 긁거나 손으로 한 땀 한 땀 채취해야 하는 지난한 노동이 수반되어야 한다.

그렇게 채취한 해조류들은 다양한 방식으로 조리해 먹었다. 무치거나 튀겨 반찬으로도 먹었지만, 간식이나 끼니를 늘려 먹는 구황음식으로도 일조했다. 보릿고개 시절 갯바위에 지천으로 자라는 해초를 뜯어다 시장기를 속였던 것. 그 대표적인 음식이 톳밥, 곰피밥 등이다. 그 외 보릿가루에 함께 넣어 보리죽을 끓이거나, 밀가루에 함께 넣어 범벅을 해 먹기도 하고 밀가루를 묻혀서 쪄낸 털털이 등으로 끼니를 잇기도 했다.

그중 '까시리'는 생으로도 먹고, 국으로도 먹고, 무치기도 하고, 볶기도 하며, 전으로 굽기도 하거니와 비빔밥처럼 비벼 먹기도 하고, 각종 음식에 고명처럼 얹어 먹을 수도 있는, 말 그대로 '해초류의 감초'이다.

'까시리'는 '풀가사리'의 부산 · 경남지역 말이다. '풀가사리'는 돌가사리목 풀가사리과의 홍조류 해초다. 식감이 오돌오돌하고 '까실까실하다'고 '까시리'라 부른다. 은은한 풀 내음이 나는 싱그러운 해초인데, 이들을 물에 넣고 끓이면 몽글몽글 걸쭉해지는 성질을 가지고 있다.

소금, 참기름, 마늘 넣고 조물조물 무쳐 먹어도 좋고, 김치 송송 썰어서 국 끓여놓아도 좋고, 된장 풀어서 된장국에 넣어 먹어도 좋다. 복어국에 김치 쫑쫑 썰어 까시리를 넣으면 걸쭉하니 한 그릇만 먹어도 속이 든든해진다. 까사리를 말려서 참기름 넣고 설탕 넣고 달달 볶아 놓으면 밥반찬으로도 훌륭하다. 새콤하게 잘 익은 배추 숭덩숭덩 썰어 넣고 지래미(멸치새끼) 넣고 까시리 넣은 '까시리 김칫국'은 뜨끈한 김칫국의 시원함에 까시리 해초 향이 향긋하게 나면서 속이 편안해지는 별미 해장국이다.

'까막발이'는 기장 해녀들이 별식으로 먹는 '까막발이 털털이'의 식재료. 원 학명은 '까막살'이다. '주름까막살', '가지까막살'과 차별하여 '참까막살'이라 부르기도 한다. 물이 들고나는 바위에서 주로 자라는데, 몸체는 뿌리에서 뭉쳐서 나와 덩어리를 이루는데, 꽃송이 같기도 하고 코사지 같기도 하다.

씹어보면 질기다 싶을 정도로 꼬들꼬들한 식감이 난다. 주로 밀가루를 묻혀 털털이를 해 먹거나 액젓으로 조물조물 무쳐서 먹는다. 생으로 초고추장에 찍어 먹으면 오독오독한 식감에 상큼함까지 더한다. 몇몇 식도락가들은 찹쌀풀을 입혀 튀각으로 만들어 먹기도 한다. 그러나 대부분 이 까막발이를 털털이로 해 먹는데, 어린 시절 '까막발 털털이'에 대한 추억과

해초음식-곰피밥상

각종 해초음식
위 왼쪽부터 옆으로
기장우묵 편채, 까막발이 음식(털털이, 무침),
까막발이 털털이, 까시리 밥상, 톳밥과 해초무침

향수 때문이다.

'진도발이'는 학명이 '진두발'이다. 홍조류의 해조로 가죽질이라 식감이 질기다. 까막발이보다 엽체가 넓고 두꺼워 삶아내는 과정이 필요하다. 그러나 해녀들 중 많은 숫자가 "털털이는 '진도발이 털털이'가 더 쫀득쫀득하고 맛있다"고 전한다.

'우뭇가사리'는 우뭇가사리과에 속하는 홍조류의 해조류이다. 바위에 붙어 자라는데, 바닥이 모래로 이뤄지고 해수의 소통이 잘되는 곳에 군집을 이룬다. 이 우뭇가사리를 씻어 햇볕에 말린 후 고우면 젤라틴 형태의 '한천'이 생산되는데, 이를 '우뭇가사리 묵'이라 하여 '우무'라 한다.

오래전부터 해녀들은 이 '우무'를 청각, 까시리, 오이 등과 함께 넣어 '우무냉국'도 해 먹고, 갖은 야채와 함께 양념장에 버무려 '우무무침'을 해 먹기도 했다. 저장 음식으로, 우무를 간장에 담가두었다가 겨울에 참기름에 조물조물 무쳐서 먹는 '우무장아찌'도 특색 있는 음식이다. 여름에는 새콤달콤한 비빔양념장에 야채를 채 썰어 비빔냉면처럼 해 먹기도 했다.

특히 '기장우묵'은 먹을 것이 부족했던 시절, 밥 대신 먹던 기장의 보릿고개 음식이었다. '기장우묵'은 우뭇가사리를 된장이나 다시마, 멸치 등으로 우린 육수에 넣고 고우다가, 방아, 고추, 마늘, 파, 갖은 해조류 등을 섞어 굳힌 우무이다. 이 기장우묵을 그냥 먹거나, 소금이나 초고추장에 찍어 먹었다. 음식의 부재료였던 '우무'를 집에 있는 갖은 식재료를 탈탈 털어 넣고 간을 맞춰 끼니로 먹었던 '기장우묵'. 곤고했던 시절, 해녀들과 함께했던 음식이었기에 그 가치가 남다른 음식이다.

　부산 해녀촌의 단골 음식은 단연코 '해물 모둠'이다. 해녀들이 바다에서 건져낸 해산물을 그날 사정에 따라 즉석에서 장만해 주는 식단으로, 이런저런 해물이 한 접시 가득 담겨 나온다.

　〈동삼중리 해녀촌〉 방식은 몇 번에 걸쳐 차례대로 해물들이 나온다. 우선 멍게와 해삼으로 한 접시가 나온다. 이어서 뿔소라, 문어숙회, 삶은 고둥 등이 3개의 접시에 나눠서 등장한다. 그리고 단골에게만 주는 보너스 코스. 성게알과 군소, 그리고 맵싸한 담치국이 그 대미를 장식한다. 무려 10여 가지의 자연산 해산물 4접시가 풀코스로 상에 올라 '해산물 식탁'을 완성한다.

이들을 앞에 두고 소주 한잔 기울이다 보면 각각의 해물들이 기껍다.
쫄깃쫄깃, 오독오독, 살강살강… 해물마다 씹는 맛이 각기 달라서 좋다.
입 안 가득 향긋하고 그윽한 갯내음이 온통 진동을 한다. 술자리가 거방해
지면 특유의 한량 기질이 도지기도 한다. "아즈망, 돌멍게 껍데기로 술잔
몇 개 만들어 줍서게." 서툰 제주말로 호기롭게 '돌멍게 껍질 술잔'을 부탁
한다. 곧이어 돌멍게 술잔에 술이 '꼴꼴꼴꼴' 넘쳐난다. 참 기껍고도 흔쾌
한 시간인 것이다.

'해녀 밥상'에 '해녀 술상'으로 신선놀음이 따로 없는 곳이 '부산의 해
녀촌'이다. 저물녘 바다 위로 놀이라도 번질라치면, 사람 마음 또한 붉게
물드는 아름다운 저녁이 된다. 마음 넉넉한 시간과 공간이 함께 어우러지
는, '해녀밥상'으로 풍요로운 '해녀의 바다'가 펼쳐지는 곳, 바로 '부산'이
다.

부산문화재단 사람 · 기술 · 문화총서 ⑥

자연을 건지다 삶을 보듬다 부산의 해녀

ⓒ 2019, 부산문화재단

초판 1쇄 발행　2019년 12월 9일
기획　　　　부산문화재단 기획홍보팀
발행처　　　부산문화재단
　　　　　　48543 부산광역시 남구 우암로 84-1 (감만동)
　　　　　　T. 051-744-7707　F. 051-744-7708　www.bscf.or.kr
글쓴이　　　김대갑, 김민수, 김여나, 김한근, 나여경, 박정애, 안덕자,
　　　　　　유형숙, 정두환, 최원준, 하인상, 홍성권, 홍영미
감수　　　　유형숙
편집위원　　김대갑, 김한근, 동길산, 쁘리야김, 최원준, 홍동식
책임편집　　조형수, 박슬기
제작 및 유통　도서출판 호밀밭
출판등록　　2008년 11월 12일 (제338-2008-6호)
　　　　　　부산광역시 수영구 광안해변로 294번길 24 B1F
　　　　　　T. 070-7701-4675 F. 0505-510-4675 homilbooks.com

이 도서의 국립중앙도서관 출판예정도서목록(CIP)은 서지정보유통지원시스템 홈페이지(http://seoji.nl.go.kr)와 국가자료종합목록 구축시스템(http://kolis-net.nl.go.kr)에서 이용하실 수 있습니다.
(CIP제어번호 : CIP2019049528)